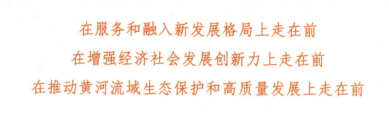

在服务和融入新发展格局上走在前
在增强经济社会发展创新力上走在前
在推动黄河流域生态保护和高质量发展上走在前

三个走在前

SANGE ZOUZAIQIAN

中共山东省委宣传部

山东人民出版社·济南

国家一级出版社 全国百佳图书出版单位

图书在版编目（CIP）数据

三个走在前/中共山东省委宣传部编. —济南：
山东人民出版社，2022.3
ISBN 978-7-209-12180-4

Ⅰ．①三… Ⅱ．①中… Ⅲ．①区域经济发展－
研究－山东 Ⅳ．①F127.52

中国版本图书馆CIP数据核字(2022)第032549号

三个走在前
中共山东省委宣传部　编

主管单位　山东出版传媒股份有限公司
出版发行　山东人民出版社
出 版 人　胡长青
社　　址　济南市市中区舜耕路517号
邮　　编　250002
电　　话　总编室 (0531) 82098914
　　　　　市场部 (0531) 82098027
网　　址　http://www.sd-book.com.cn
印　　装　青岛国彩印刷股份有限公司
经　　销　新华书店

规　　格　16开(169mm×239mm)
印　　张　13.25
字　　数　150千字
版　　次　2022年3月第1版
印　　次　2022年3月第1次
ISBN 978-7-209-12180-4
定　　价　38.00元

如有印装质量问题，请与出版社总编室联系调换。

出版说明

2021年10月，习近平总书记在山东视察时，明确要求我们"努力在服务和融入新发展格局上走在前、在增强经济社会发展创新力上走在前、在推动黄河流域生态保护和高质量发展上走在前，不断改善人民生活、促进共同富裕，开创新时代社会主义现代化强省建设新局面"。这是习近平总书记从战略全局高度对山东发展的精准把脉定向，是做好山东工作的总遵循、总定位、总航标。为深入学习贯彻习近平总书记对山东工作的重要指示要求，深刻领会把握"三个走在前"的重大意义、科学内涵和实践要求，把思想和行动统一到中央决策部署上来，统一到省委、省政府工作要求上来，中共山东省委宣传部组织编写了《三个走在前》学习读本。本书以习近平新时代中国特色社会主义思想为指导，紧密联系山东经济社会发展实践，联系广大党员干部思想实际，以深入浅出、通俗易懂的语言风格，既讲是什么、为什么，又讲怎么看、怎么办，观点权威准确，文风清新简洁，为广大党员干部深化理论学习、创新工作思路、推动经济社会发展提供有益帮助。

编　者

2022年3月

目录
CONTENTS

第一章

"三个走在前"是新时代社会主义现代化强省建设的科学指引

习近平总书记对山东发展一直高度关注、寄予厚望。党的十八大以来，习近平总书记先后多次到山东视察和出席有关活动，为山东发展把航定向。2021年10月20日至22日，习近平总书记亲临山东视察，主持召开深入推动黄河流域生态保护和高质量发展座谈会并发表重要讲话，要求山东努力在服务和融入新发展格局上走在前、在增强经济社会发展创新力上走在前、在推动黄河流域生态保护和高质量发展上走在前，不断改善人民生活、促进共同富裕，开创新时代社会主义现代化强省建设新局面。"三个走在前"，是习近平总书记从战略全局高度对山东发展的精准把脉定向，是以习近平同志为核心的党中央赋予山东的重大政治任务，是山东经济社会发展的科学指南。我们要增强"四个意识"、坚定"四个自信"、做到"两个维护"，把习近平总书记重要指示要求学习好、领会好、贯彻好，以实际行动交出新时代社会主义现代化强省建设的优异答卷。

一 准确把握"三个走在前"的核心要义

习近平总书记对山东发展作出"三个走在前"的重要指示要求,深刻阐释了一系列重大理论和实践问题,与时俱进提出一系列新思想新观点新要求,并对做好山东工作给予有力指导,饱含着深切的关怀关爱,体现了深邃的战略思考,彰显出深厚的为民情怀,指明了前进的目标方向,是激励山东人民不断锐意进取、砥砺奋进,全面开创新时代社会主义现代化强省建设新局面的强大精神动力和行动指南。

(一)习近平总书记的殷切期望

回顾这些年山东的发展历程,在每一个关键时点,习近平总书记都作出重要指示要求,为山东发展指明前进方向、提供根本遵循。2013 年 11 月,到青岛、临沂、济宁、菏泽、济南等地调研视察;2018 年 6 月,出席上海合作组织青岛峰会后,到青岛、威海、烟台、济南等地调研视察;2019 年 4 月,出席在青岛举办的庆祝中国人民解放军海军成立 70 周年海上阅兵活动;2021 年 10 月,习近平总书记再次视察山东,主持召开深入推动黄河流域生态保护和高质量发展座谈会,对党的十九大以来山东的工作给予充分肯定,作出"三个走在前"的重要指示要求。

——在服务和融入新发展格局上走在前。构建新发展格局,是把握未来发展主动权的战略性布局和先手棋。习近平总书记"三个走在前"的重要指示要求,第一个就是"努力在服务和融入新发展格局上走在前"。从根本上说,构建新发展格局是适应我国发展阶段新要求、塑造国际合作和竞争新优势的必然选择。山东地处我国由南向北扩大开放、由东向西梯度发展的战略节点,所拥有的比较优势和有利条件,都是服务和融入新发展格局的底气所在、信心所在。山东必须主动担当作为,牢牢把握重大历史机遇,坚定不移推动高质量发展,积极服务和融入新发展格局。

——在增强经济社会发展创新力上走在前。创新力是系统性创造性思维能力和实践能力的重要体现,也是衡量一个地区经济社会发展水平的关键指标。有了强大的经济社会发展创新力,服务和融入新发展格局就有了充沛动力和创新活力,推动黄河流域生态保护和高质量发展就有了坚实基础和有力支撑。紧紧抓住经济社会发展创新力,就抓住了新时代社会主义现代化强省建设的"牛鼻子"。山东必须坚持创新在现代化建设全局中的核心地位,从巩固拓展比较优势上强化创新、寻求突破,从补齐克服短板弱项上强化创新、寻求突破,从有效激发社会和市场的动力活力上强化创新、寻求突破。

——在推动黄河流域生态保护和高质量发展上走在前。黄河流域生态保护和高质量发展,是习近平总书记亲自谋划、亲自部署、亲自推动的重大国家战略,是事关中华民族伟大复兴的千秋大计。山东是黄河流域唯一河海交汇区,也是黄河流域9个省区中唯一的沿海省份,是黄河下游生态保护和防洪减灾的主战场,在动能转换、对外开放、文化传承等方面独具优势,对推动实施黄河流域生态保护和高质量发展重大国家战略潜力巨大、责任重大。山东要从全国大局出发,坚决落实好这一重大国家战略,切实发挥好山东半岛城市群龙头作用,为黄河流域生态保护和高质量发展探索路径,打头阵、作示范。

习近平总书记视察山东重要讲话、重要指示批示精神，关键就是"走在前列、全面开创""三个走在前"。"走在前列、全面开创"，是从纵向、时空角度提出的；"三个走在前"，更多的是从横向、重点领域角度提出的，这对山东提出了更新、更高的要求。从"走在前列、全面开创"到"三个走在前"，一以贯之、一脉相承，是习近平总书记从战略全局高度对山东发展的精准把脉定向，为我们指明了前进方向，提供了科学指引，注入了强大动力。

（二）山东的责任担当

山东作为全国唯一户籍、常住人口"双过亿"的省份，是东部沿海经济最发达的省份之一，也是发展较快的省份之一。改革开放40多年来，山东许多工作走在全国前列，为全国经济社会发展作出了重要贡献，在全国发展大局中地位举足轻重。在建设社会主义现代化新征程上，坚决实现"三个走在前"的目标任务，是山东必须肩负起的责任担当。一切工作都要按照"三个走在前"的定位和标准去谋划、去落实，努力做到"事争一流、唯旗是夺"。

这些年，山东牢记习近平总书记殷切嘱托，立足新发展阶段，完整、准确、全面贯彻新发展理念，主动服务和融入新发展格局，坚决把习近平总书记的重要指示要求落实落地。2017年，在深入调研、摸透省情的基础上，明确了经济文化强省建设的目标思路和新旧动能转换战略构想；2018年，突出顶层设计、谋篇布局，全面展开新旧动能转换重大工程；2019年，确定为"工作落实年"，强化担当作为、狠抓落实；2020年，确定为"重点工作攻坚年"，发起九大改革攻坚行动；2021年，围绕落实重大国家战略、科技创新等 7 个领域谋篇布局"求突破"。通过这些重大举措，形成了以"走在前列、全面开创"为目标，以八大发展战略为支撑，以全面深化改革为保障，以全面从严治党为统领的整体发展格局。目前，全省上下思想认识更加统一，思路目标更加清晰，干事创业的精气神昂扬向上，发展环境、经济结构、体制机制得到脱胎换骨的系统性重塑，全省发展呈现出由"量"到"质"、由"形"到"势"的趋势性转变。

习近平总书记视察山东，作出"三个走在前"的重要指示要求后，山东省委迅速召开全省领导干部会议、省委常委会会议、省委十一届十四次全体会议等，深入学习领会，认真抓好贯彻落实。山东省委用心领悟习近平总书记对山东工作的重要指示要求，在坚定不移抓好既有工作部署基础上，适应形势发展需要，进一步优化完善做好山东工作的思路方法。在发展思路上，强调坚决做到"六个一"；在策略方法上，强调"六个更加注重"；在重点任务上，强调"十二个着力"。当前，山东正聚焦聚力推进"三个十"：聚焦深化供给侧结构性改革，培育壮大新一代信息技术、高端装备等"十强现代优势产业集群"；聚焦需求侧协同发力，深入实施基础设施"七网"行动、新型城镇化建设行动等扩需求"十大行动"；聚焦增强经济社会发展创新力，着力深化科技研发创新、人才引育创新等"十大创新"。

山东省委坚持把工作重心放在抓落实上，组织召开省委全会，审议通过省委《关于深入学习贯彻党的十九届六中全会精神的决定》《关于深入学习贯彻习近平总书记重要讲话精神扎实推动黄河流域生态保护和高质量发展的决定》，制定贯彻落实习近平总书记重要讲话精神和视察山东重要指示要求责任分工，明确6个方面33项具体任务，由省委常委会负总责，省级负责同志分工负责，确保习近平总书记重要指示要求落地生根、开花结果。

（三）人民的美好期待

人民对美好生活的向往就是我们的奋斗目标。党的十八大以来，以习近平同志为核心的党中央，始终把人民放在心中最高位置，把人民对美好生活的向往作为奋斗目标。近年来，山东牢记习近平总书记嘱托，带着责任带着感情解决人民群众"急难愁盼"问题，全面打赢脱贫攻坚战，基本建成多层次社会保障体系，采取更加积极的就业政策，推动教育高质量发展，不断提高医疗保障水平，构建多元化养老服务体系，切实增强人民群众获得感、幸福感、安全感。但也存在一些短板和弱项：人口基数大，困难人群、特殊人群相对较多；人口老龄化程度高，养老、医疗、社保负担重，等等。这都对基础性、普惠性、兜底性的公共服务保障提出了更高要求。我们必须着眼人民群众需求，瞄准短板弱项，精准聚焦、持续用力，让发展成果更多更好惠及全体人民。

新征程上，必须忠实践行以人民为中心的发展思想，坚持把实现好、维护好、发展好最广大人民根本利益作为发展的出发点和落脚点，努力办好民生事业，改善人民生活品质，扎实推动共同富裕，让人民群众过上更好生活。以"七网"建设为牵引，全面改善城乡水、电、暖、路等设施条件。强化就业优先政策，千方百计扩大就业总量，改善就业结构，提升就业质量，使人人享有平等就业、实现人生价值的机会。加快建立多主体供给、多渠道保障、租购并举的住房制度，让人民群众住有所居。坚持按劳分配为主体，多种分配方式并存，深化收入分配改革，提高低收入群体收入，扩大中等收入群体，实现居民收入增长与经济增长同步。健全多层次社会保障体系，坚持应保尽保原则，按照兜底线、织密网、建机制要求，健全覆盖全民、统筹城乡、公平统一、可持续的多层次社会保障体系。把保障人民健康放在优先发展的战略位置，加快卫生健康事业从以治病为中心向以健康为中心转变，为人民提供全生命周期健康服务。

切实增强"三个走在前"的底气信心

习近平总书记对山东作出"三个走在前"的重要指示要求，着眼全国大局，顺应形势发展，立足山东实际，无论是从重要性、必要性，还是可行性、可达性的角度，山东都应该也完全能够做到。实现"三个走在前"，就必须全面认识山东的基础条件、发展成就、比较优势，统筹谋划、深化改革、强化创新、实现突破。实现"三个走在前"，山东有九个方面的比较优势。

（一）三次产业可以齐头并进

山东农业基础坚实，是全国粮食作物和经济作物重点产区，小麦、花生、蔬菜等产量居全国前列，农业总产值突破1万亿元、居全国第1位。工业优势突出，规模以上工业企业营业收入突破10万亿元、居全国第3位，实现利润总额5268.8亿元、居全国第4位。服务业势头强劲，实现增加值4.39万亿元、居全国第3位。

（二）供需两端可以协同发力

山东是全国唯一的常住人口、户籍人口"双过亿"的省份，拥有庞大市场规模和巨大消费潜力。供给体系完备，拥有41个工业大类、197个工业中类，国家重点调度的80种主要产品产量有36种居全国前三，"山东好品"全国驰名。现有专精特新"小巨人"企业362家、居全国第3位，国家制造业单项冠军145个、居全国第2位。

（三）新老动能可以相得益彰

山东大力培育新一代信息技术、高端装备、医养健康等"十强"产业，2021年"四新"经济增加值占比为31.7%，高新技术企业数量突破2万家。传统产业加快转型升级，实施500万元以上技改项目1.2万个，建设省级工业互联网平台115个，机械、化工、冶金、轻工、装备等行业主营业务收入均过万亿。智能家电、轨道交通装备入围国家先进制造业集群，高端医疗器械等4个产业集群纳入国家创新型产业集群试点，105个雁阵形产业集群规模突破5.7万亿元。

（四）各类企业可以比翼齐飞

山东市场主体规模超过1350万户。国资国企实力雄厚，全省国资系统监管一级企业1274户、资产总额超过13万亿元，山东能源、潍柴动力、山东高速等跻身世界500强企业。民营经济发展迅速，魏桥、歌尔、南山等53家企业入围中国民营企业500强。外资企业达到1.8万家。

（五）陆海资源可以统筹开发

山东陆海面积相当，海岸线长 3345 公里，近岸海域优良水质面积比例 93.2%。矿产资源丰富，已发现矿产 148 种，其中黄金开采量居全国第一，原油产量占全国 11.8%。近海海洋生物种类 800 多种，沿海资源丰度指数全国第一，海洋生产总值占全国总产值的 1/6。

（六）交通运输可以四通八达

山东 2021 年底高铁里程达 2319 公里、居全国第 3 位；高速公路通车里程达 7477 公里，实现县县通高速。沿海港口货物吞吐量 17.8 亿吨。建有民用运输机场 10 个。齐鲁号中欧班列稳定开行，东连日韩、西接欧亚的国际物流大通道加快建设。

（七）城乡区域可以均衡发展

山东 16 市中有 11 市进入全国 GDP 百强。"一群两心三圈"发展格局加快形成，济南、青岛中心城市引领力不断增强，省会经济圈、胶东经济圈、鲁南经济圈错位发展，山东半岛城市群整体竞争力持续提升。共享发展水平较高，城乡居民收入比为 2.26，常住人口城镇化率 63.94%。

（八）对外开放可以提档升级

山东高端平台优势叠加，拥有综合保税区 13 个、国家级跨境电商综合试验区 9 个，自贸试验区、上合示范区加快建设，

RCEP、CPTPP、中日韩地方经贸合作示范区红利加速释放。外向型经济发展势头强劲，2021 年实现进出口总额 2.93 万亿元、增长32.4%，增幅在进出口总额前六位省市中居第 1 位，两年平均增长19.6%、高于全国 8.4 个百分点；实际使用外资 215.2 亿美元、增长21.9%，增幅在使用外资前六位省市中居第 2 位。

（九）人文沃土可以深度耕作

山东是中华文明发祥地之一和儒家思想的发源地，素有"孔孟之乡、礼仪之邦"之称。拥有全国重点文物保护单位 226 处，泰山、曲阜"三孔"、齐长城、大运河入选世界文化遗产。人脉资源丰厚，是江北最大侨乡，海内归侨侨眷 120 万人，海外华人华侨 120 万人。尼山世界文明论坛、尼山世界儒学中心成为全球文明交流互鉴的重要平台。红色文化积淀深厚，是最早建立中国共产党组织的省份之一，铸就了"水乳交融、生死与共"的沂蒙精神。

三 坚决扛牢"三个走在前"的使命担当

落实好习近平总书记视察山东重要讲话、重要指示批示精神，把山东的事情办好，必须把习近平总书记提出的"三个走在前"重要指示要求，与习近平总书记历次对山东工作的重要指示要求联系起来全面领会，统筹起来全面推进，贯通起来全面落实。山东在实践中锚定"走在前列、全面开创""三个走在前"总遵循、总定位、总航标，制定了"八大发展战略"，推进"九大改革攻坚"，打造"十强现代优势产业集群"，确定了"七个走在前列""九个强省突破"的战略目标，这些都是贯彻落实习近平总书记重要指示要求的具体行动，必须坚定不移推进下去。

（一）把握"六个一"发展思路

思想引领行动，思路决定出路。与时俱进优化发展思路，是深入贯彻落实习近平总书记重要指示要求的基本前提，是事关经济社会发展全局的重要基础性工作。在发展思路上，要坚决做到"六个一"：坚持"一个统领"，始终坚定拥护"两个确立"、坚决做到"两个维护"；把握"一项根本"，始终坚持人民至上；聚焦"一条主轴"，始终聚力高质量发展；守好"一排底线"，始终做到安全发展；打造"一组生态"，始终积极营造良好政治生态、产业生态、市场生态、社会生态、自然生态；锻造"一支队伍"，始终从严从实管党治党。把握"六个一"发展思路，就要不断加深对习近平总书记重要指示要求的理解，切实用以武装头脑、指导实践、推动工作，切实把习近平总书记重要指示要求转化为干事创业的强大动力，转化为高质量发展的生动实践，转化为新时代社会主义现代化强省建设的实际成效。要始终聚焦习近平总书记对山东发展的科学定位，坚定不移做到一切发展思路按照这一定位来谋划，一切发展布局围绕这一定位来展开，一切发展举措聚焦这一定位来制定，一切发展成效依据这一定位来衡量，不折不扣把习近平总书记重要指示要求落到实处，确保山东各项工作始终方向正确。

（二）掌握"六个更加注重"策略方法

事必有法，然后可成。科学的方法与策略，是做好一切工作的金钥匙。方法策略越科学越合理，工作落实越有力越有效。在策略方法上，强调"六个更加注重"：更加注重依法办事，凡事都要依法依规，不要"萝卜快了不洗泥"；更加注重求真务实，实事求是，说实话、办实事、求实效；更加注重统筹兼顾，不能只顾一头，要把握好各项工作的关联性、协同性、平衡性，做到"十个指头弹钢琴"；更加注重综合施策，既要用好行政手段，又要用好市场手段、经济手段、法律手段；更加注重"四个导向"，就是问题导向、需求导向、目标导向、效果导向；更加注重沟通引导，既要会干，也要会说，既要当战斗员、指挥员，又要当宣传员、引导员。这"六个更加注重"，是坚持用习近平新时代中国特色社会主义思想武装头脑、指导实践、推动工作的具体体现，是山东贯彻落实习近平总书记重要指示要求、推进新时代社会主义现代化强省建设的科学方法论，具有极强的现实针对性、指导性和可操作性，解决了"桥"和"船"的问题。

（三）突出"十二个着力"重点任务

重点，是影响整体的关键，是决定全局的要害。突出重点，才能提纲挈领，掌握工作主动权；找准靶心，才能有的放矢，开创工作新局面。在重点任务上，突出"十二个着力"：着力推进科技自立自强，着力加快新旧动能转换，着力有效扩大内需，着力推动乡村振兴，着力发展海洋经济，着力促进区域协调发展，着力推动民生改善和共同富裕，着力推动文化繁荣发展，着力加强生态文明建设，着力防范化解风险，着力深化改革开放，着力加强党的领导和党的建设。每一项工作重点，都是牵一发而动全身，都是在对标对表习近平总书记"三个走在前"重要指示要求的基础上形成的，是针对山东经济社会发展中的突出矛盾和问题提出来的，既立足当前，又着眼长远，既符合实践新要求，又反映人民新期待，抓住了事关山东高质量发展的关键和要害，体现了对山东发展的前瞻性思考、全局性谋划、战略性部署。抓准、抓住、抓好这"十二个着力"重点任务，以重点突破牵引带动全局发展，是山东做好经济社会发展各项工作、不断开创新时代社会主义现代化强省建设新局面的重要遵循、关键所在。

征程万里风正劲，重任千钧再出发。在习近平新时代中国特色社会主义思想的科学指引下，锚定"走在前列、全面开创""三个走在前"总遵循、总定位、总航标，牢记习近平总书记的谆谆教导，坚守初心、砥砺奋进，沿着习近平总书记指引的目标方向笃定前行，山东新时代社会主义现代化强省建设一定能够开创新局面、谱写新篇章。

第二章

在服务和融入新发展格局上走在前

构建以国内大循环为主体、国内国际双循环相互促进的新发展格局，是以习近平同志为核心的党中央积极应对国际国内形势变化，重塑我国国际合作和竞争新优势而作出的战略抉择。在服务和融入新发展格局上走在前，既是山东必须承担好的政治责任，也是实现比学赶超、闯出一条高质量发展之路的必然选择。我们要准确把握加快构建新发展格局的核心要义和丰富内涵，牢固树立一盘棋意识，找准自身在全国构建新发展格局中的定位，深入分析自己的优势领域和短板不足，积极探索服务构建新发展格局的有效路径，努力在服务和融入新发展格局中展现更大作为。

一 实现第二个百年奋斗目标的重大战略选择

全面建成小康社会、实现第一个百年奋斗目标之后，我们要乘势而上开启全面建设社会主义现代化国家新征程、向第二个百年奋斗目标进军，这标志着我国进入了一个新发展阶段。构建新发展格局是应对新发展阶段机遇和挑战、贯彻新发展理念的战略选择。

习近平总书记强调，构建新发展格局"是把握未来发展主动权的战略性布局和先手棋，是新发展阶段要着力推动完成的重大历史任务，也是贯彻新发展理念的重大举措"。

（一）适应我国经济发展阶段变化的主动选择

经济发展是螺旋式上升的过程，也是分阶段的。不同阶段对应不同的需求结构、产业结构、技术体系和关联方式，要求发展方式与时俱进。改革开放后相当长时间内，我国人均收入水平较低，我们发挥劳动力等要素低成本优势，抓住经济全球化的重要机遇，充分利用国际分工机会，参与国际经济大循环，推动了经济高速增长，人民生活从温饱不足到全面小康。我国人均国内生产总值超过1万美元，这是大国经济发展的关口。我们要主动适应变化，努力攻坚克难，不断提高供给质量和水平，推动高质量发展，加快构建新发展格局。

（二）应对错综复杂的国际环境变化的战略举措

进入21世纪以来，新一轮科技革命和产业变革加速发展，世界贸易和产业分工格局发生重大调整，国际力量对比呈现趋势性变迁。2008年国际金融危机后，全球市场收缩，世界经济陷入持续低迷，国际经济大循环动能弱化。近年来，西方主要国家民粹主义盛行、贸易保护主义抬头，经济全球化遭遇逆流。新冠肺炎疫情影响广泛深远，逆全球化趋势更加明显，全球产业链、供应链面临重大冲击，风险加大。面对外部环境变化带来的新矛盾新挑战，必须顺势而为调整经济发展路径，在努力打通国际循环的同时，进一步畅通国内大循环，提升经济发展的自主性、可持续性，增强韧性，保持我国经济平稳健康发展。

（三）发挥超大规模经济体优势的内在要求

大国经济的重要特征，就是必须实现内部可循环，并且提供巨大国内市场和供给能力，支撑并带动外循环。经过改革开放40多年的发展，我国经济快速成长，国内大循环的条件和基础日益完善。从需求潜力看，我国已经形成拥有14亿人口、4亿多中等收入群体的全球最大最有潜力市场，随着向高收入国家行列迈进，规模巨大的国内市场不断扩张。从供给能力看，我国拥有全球最完整、规模最大的工业体系和完善的配套能力，拥有1.3亿户市场主体和1.7亿多受过高等教育或拥有各种专业技能的人才，研发能力不断提升。从供求双方看，我国具备实现内部大循环、促进内外双循环的诸多条件。构建新发展格局和扩大内需，可以释放巨大而持久的动能，推动全球经济稳步复苏和增长。

面对全球政治经济环境出现的重大变化，适应我国发展阶段性新特征，党中央准确研判大势，立足当前，着眼长远，作出了构建新发展格局的重大战略部署。这是实现第二个百年奋斗目标的战略选择，具有重大现实意义和深远历史意义。

二 新发展格局的丰富内涵与本质特征

2020年4月10日，在中央财经委员会第七次会议上，习近平总书记以《国家中长期经济社会发展战略若干重大问题》为题发表重要讲话，首次提出构建新发展格局。此后，围绕加快构建新发展格局，习近平总书记发表一系列重要讲话并作出一系列重要指示。

归结起来，重点从以下方面把握和理解：

（一）关键在于经济循环的畅通无阻

经济活动需要各种生产要素在生产、分配、流通、消费各环节有机衔接，从而实现循环流转。如果经济循环过程中出现堵点、断点，循环就会受阻，在宏观上就会表现为增长速度下降、失业增加、风险积累、国际收支失衡等情况，在微观上就会表现为产能过剩、企业效益下降、居民收入下降等问题。在我国发展现阶段，畅通经济循环最主要的任务是供给侧有效畅通，打通从生产、分配到流通、消费等诸多环节的堵点，形成需求牵引供给、供给创造需求的更高水平动态平衡。构建新发展格局，就是要坚持供给侧结构性改革的战略方向，提升供给体系对国内需求的适配性，打通经济循环堵点，提升产业链、供应链的完整性，使国内市场成为最终需求的主要来源。

（二）最本质特征是实现高水平的自立自强

习近平总书记强调，构建新发展格局最本质的特征是实现高水平的自立自强。这是畅通国内大循环、塑造我国在国际大循环中主动地位的关键。当前，我国经济发展环境出现了新变化，特别是生产要素相对优势出现了变化。劳动力成本在逐步上升，资源环境承载能力达到了瓶颈，科学技术的重要性全面上升。在这种情况下，我们必须更强调自主创新，把这个问题放在能不能生存和发展的高度加以认识，全面加强对科技创新的部署。强化国家战略科技力量，集中力量打好关键核心技术攻坚战，促进新技术产业化规模化应用。充分激发人才创新活力，全方位培养、引进、用好人才。

建设高质量教育体系，加强基础研究人才和创新型、应用型、技能型人才培养。加强国际科技交流与合作。

（三）开放的国内国际双循环

开放带来进步，封闭必然落后。新发展格局着眼于使国内市场和国际市场更好联通，更好利用国际国内两个市场、两种资源，绝不是封闭的国内循环，而是开放的国内国际双循环。一方面，要加强国内大循环在双循环中的主导作用。市场资源是我国的巨大优势，必须充分利用和发挥这个优势，不断巩固和增强这个优势，形成构建新发展格局的雄厚支撑。扩大内需并不是应对金融风险和外部冲击的一时之策，也不是要搞大水漫灌，更不是只加大政府投入力度，而是要根据我国经济发展实际情况，建立起扩大内需的有效

第四届中国国际进口博览会   图片来源：新华社

制度，使建设超大规模的国内市场成为一个可持续的历史过程。另一方面，要重视以国际循环提升国内大循环效率和水平。通过参与国际市场竞争，增强我国出口产品和服务竞争力，推动我国产业转型升级，增强我国在全球产业链供应链创新链中的影响力。

（四）正确处理好若干重大关系

正确处理国内循环与国际循环的关系。一是"循环"。国民经济运行是一个周而复始、不断往复的过程，关键在供给侧要畅通，产业上下游、产供销、农业制造业服务业、能源资源等各系统各部门能够协调一致、高效顺畅地流转衔接。二是"国内大循环"。这是国民经济循环的"主体"，要坚持扩大内需战略，构建强大国内市场，有效释放内需潜力，使生产、分配、流通、消费各环节更多依托国内市场，形成新的内外均衡。三是"国内国际双循环"。要保持国民经济循环的开放性，打通国内国际双循环的堵点，使两个循环相互促进、相得益彰。展望未来，在我国国民经济循环中，国际循环部分的比例可能不像以往那样高，但其绝对规模还会持续扩大，在全球产业分工格局中的地位会逐步上升，对国内循环质量的提升带动作用会更加凸显，对世界经济的影响会持续增大，给各国带来的发展机遇会持续增多。

正确处理整体构建国内大循环与局部参与国内大循环的关系。以国内大循环为主体是针对全国而言的，以全国统一大市场为基础，不是要求各地都搞省内、市内、县内的自我循环。各地区要找准自己在新发展格局中的定位和比较优势，把构建新发展格局同实施区域重大战略、区域协调发展战略、主体功能区战略、建设自由贸易试验区等有机衔接起来，决不能以"内循环"名义搞地方保护和"小而全"。要进一步破除地方保护和市场分割壁垒，共同构建高效规范、公平竞争的全国统一大市场，在积极参与国内国际双循环中彰显各地区、各行业、各企业的竞争优势。

正确处理供给侧结构性改革与需求侧管理的关系。我国经济发展环境和比较优势已经出现明显变化。构建新发展格局必须坚持以供给侧结构性改革为主线，落实巩固、增强、提升、畅通要求，消除技术瓶颈，打通循环堵点，形成更高效率和质量的投入产出关系。要用好我国国内需求潜力巨大优势，以强大国内市场支撑建设强大产业链供应链，增强供给与需求之间的适配性，促进国民经济循环不断实现量的扩大和质的提升。

正确处理自立自强与开放合作的关系。科技创新是支撑国家现代化的基础要件。历史经验表明，后发国家如果不想被卡在产业链价值链的中低端而停滞不前，就必须坚定推进科技自立自强，增强产业链供应链自主可控能力。同时，自立自强绝不是回到传统的自给自足，绝不意味着什么都自己干。要始终坚持对外开放的基本国策，主动参与国际分工合作，结合自身优势积极嵌入全球价值链创新链，形成你中有我、我中有你的利益格局。

正确处理发展与安全的关系。构建新发展格局的重要着眼点和落脚点是实现安全发展，确保社会主义现代化行稳致远。安全是发展的前提，发展是安全的保障，必须坚持办好自己的事，立足国内高质量发展，以不断壮大的综合实力为国家安全提供更为坚强的物质支撑，实现主动安全、动态安全。必须切实增强忧患意识，坚持底线思维，着力防范化解各类重大风险，确保不发生系统性风险。

注意防范"八个认识误区"

2021年1月11日，习近平总书记在省部级主要领导干部学习贯彻党的十九届五中全会精神专题研讨班上发表重要讲话，强调加快构建新发展格局，实践中要注意防范一些认识误区：一是只讲前半句，片面强调"以国内大循环为主"，主张在对外开放上进行大幅度收缩；二是只讲后半句，片面强调"国内国际双循环"，不顾国际格局和形势变化，固守"两头在外、大进大出"的旧思路；三是各自为政、画地为牢，不关心建设全国统一的大市场、畅通全国大循环，只考虑建设本地区本区域小市场、搞自己的小循环；四是认为畅通经济循环就是畅通物流，搞低层次物流循环；五是一讲解决"卡脖子"技术难题，什么都自己干、搞重复建设，专盯"高大上"项目，不顾客观实际和产业基础，结果成了烂尾项目；六是讲扩大内需、形成国内大市场，又开始搞盲目借贷扩大投资、过度刺激消费，甚至又去大搞高能耗、高排放的项目；七是不重视供给侧结构性改革，只注重需求侧管理，无法形成供给创造需求的更高水平动态平衡；八是认为这只是经济科技部门的事，同自己部门关系不大，等等。这些认识都是片面的甚至是错误的，必须加以防范和纠正。

资料来源：新华网，2021年4月30日。

加快形成新发展格局的战略任务

习近平总书记强调，改革开放以来，我们遭遇过很多外部风险冲击，最终都能化险为夷，靠的就是办好自己的事、把发展立足点放在国内。构建新发展格局是事关全局的系统性、深层次变革，必须突出针对性和可操作性，选取真正的重点堵点难点集中攻关，打好攻坚战和组合拳，以重点突破带动引领发展格局的战略转型。构建新发展格局，既递进深化供给侧结构性改革，又充分汲取实施出口导向型发展战略、扩大内需战略的经验，是对以往发展战略的整合提升和创新发展，是新形势下推动高质量发展的战略性、创新性举措，必将对我国新发展阶段的经济发展起到重要的战略导向和保障作用。

（一）创新驱动"提质量"

构建新发展格局最本质的特征是实现高水平的自立自强。发挥社会主义市场经济条件下新型举国体制优势，强化国家战略科技力量，集合优势资源，着力解决制约国家发展和安全的重大难题。完善科技创新体制机制，推进科研项目管理和评价制度改革，有力有序推进创新攻关"揭榜挂帅"等体制机制改革，明确路线图、时间表、责任制，在关键核心技术上不断取得新突破。加强关键核心技术攻关，维护产业链供应链的安全稳定，以科技创新催生新发展动能，实现依靠创新驱动的内涵型增长。发挥企业技术创新主体作用，加强创新链和产业链对接，完善金融支持创新体系，大幅提高科研成果转化成效。坚持开放合作，吸引全球优质科技创新资源，搭建全球科技开放合作大舞台，加快建设世界重要人才中心和创新高地。

延伸阅读

"中国天眼"已发现 500 多颗新脉冲星

自 2017 年 10 月 10 日首次对外宣布发现脉冲星以来，截至 2021 年 12 月，被誉为"中国天眼"的 500 米口径球面射电望远镜已发现 509 颗脉冲星，是世界上所有其他望远镜发现脉冲星总数的 4 倍以上。目前，基于"中国天眼"数据发表的科研论文超过 120 篇，引用 590 余次，"中国天眼"多出成果、出好成果的新阶段已经开启。

"中国天眼"全景　　　　　　　　　　　　图片来源：新华社

资料来源：新华网，2021 年 12 月 15 日。

（二）扩大内需"强基点"

大国经济一个共同特征是国内可循环。中国作为世界第二大经济体，国内供给和国内需求对于经济循环起到主要的支撑作用。加快构建新发展格局，必须牢牢把握扩大内需这个战略基点，加快培育完整的内需体系，把实施扩大内需战略同深化供给侧结构性改革有机结合起来，建立起扩大内需的有效制度，促进总供给和总需求在更高水平上实现动态平衡。着力扩大居民消费，促进传统消费提质扩容，推动新型消费加快成长，提升居民消费结构。发挥投资对优化供给结构的关键作用，支持企业加大设备更新和技改投入，发挥好政府投资引导撬动作用。优化收入分配格局，扩大中等收入群体，扎实推动共同富裕，更好支撑供需良性循环。加快建立高标准市场体系，让内需更好成为经济发展的基本动力，让扩大内需更好满足人民美好生活需要，为高质量发展注入强劲动力。清除妨碍生产要素市场化配置和商品服务流通的体制机制障碍，健全公平竞争审查，强化反垄断规制，提升市场配置资源和经济循环的效率。

（三）优化布局"促协调"

加快构建新发展格局，必须增强城乡区域发展协调性，优化国内大循环的空间布局。推进以人为核心的新型城镇化，提升新型城镇化建设质量，深化户籍制度改革，完善城市群一体化发展体制机制，促进大中小城市和小城镇协调发展。全面推进乡村振兴，深化农业供给侧结构性改革，优化农业生产结构和区域布局，健全城乡融合发展体制机制，做好巩固拓展脱贫攻坚成果同乡村振兴有效衔接。坚定实施区域重大战略、区域协调发展战略，健全区域协调发展机制，形成优势互补、高质量发展的区域经济布局。坚持宜山则山、宜水则水，宜粮则粮、宜农则农，宜工则工、宜商则商，塑造城市化地区、农产品主产区、生态功能区三大空间优势互补的区域格局。

（四）绿色低碳"塑优势"

加快构建新发展格局，必须坚持尊重自然、顺应自然、保护自然，大力推进生态文明建设，促进国内大循环的绿色低碳发展。持续改善环境质量，深入开展污染防治行动，全面提升环境基础设施水平，完善能源消费总量和强度双控制度，制定和实施2030年前碳排放达峰行动方案，力争2060年前实现碳中和。促进发展方式绿色转型，坚决遏制高耗能、高排放项目盲目发展，推进重点行业和重要领域绿色化改造。全面推进资源高效利用，加快构建废旧物资循环利用体系，推动垃圾资源化利用和无害化处置。

（五）改革开放"激活力"

习近平总书记强调，要推动更深层次改革，实行更高水平开放，为构建新发展格局提供强大动力。加大改革攻坚力度，推动有效市场和有为政府更好结合，完善市场化法治化国际化营商环境，进一步激发市场主体活力。稳步拓展规则、规制、管理、标准等制度型开放，推动共建"一带一路"高质量发展，构建国际经贸合作新格局。以积极参与国际循环提升国内大循环的效率和水平，改善我国生产要素质量和配置水平，增强出口产品和服务竞争力，推动产业转型升级，提升在全球产业链供应链创新链中的地位和影响。深化双边、多边、区域合作，构建面向全球的高标准自由贸易区网络，维护多边贸易体制，积极参与全球经济治理体系改革。

（六）守住底线"保安全"

构建新发展格局，既要推动经济发展，又要维系经济安全，以高度的智慧统筹发展和安全，实现经济发展和经济安全互为条件、彼此支撑。必须增强忧患意识、坚持底线思维，随时准备应对更加复杂困难的局面。贯彻落实总体国家安全观，把安全发展贯穿构建新发展格局全过程和各领域，形成全面可靠的发展安全保障体系。加强跨周期政策设计和逆周期调节，重视预期管理，保持宏观经济稳定，防止大起大落。与时俱进健全金融监管和市场监管，防止资本无序扩张，防范跨境资本异常流动风险。加强粮食、能源资源等供给安全保障，加强储备体系建设。更好防范全球经济系统中隐藏的"灰犀牛"和"黑天鹅"对经济稳定带来的冲击，防范世界经济波动和国际经济政策外溢效应带来的风险冲击，在扩大对外开放中保障国家经济安全。

延伸阅读

"十四五"规划建议亮出新发展格局"施工图"

《中共中央关于制定国民经济和社会发展第十四个五年规划和二〇三五年远景目标的建议》从4个方面亮出了构建新发展格局的"施工图"：

围绕畅通国内大循环。《建议》提出，依托强大国内市场，形成国民经济良性循环；推动金融、房地产同实体经济均衡发展，实现上下游、产供销有效衔接；形成需求牵引供给、供给创造需求的更高水平动态平衡等。

围绕促进国内国际双循环。《建议》指出，立足国内大循环，发挥比较优势，协同推进强大国内市场和贸易强国建设，以国内大循环吸引全球资源要素，积极促进内需和外需、进口和出口、引进外资和对外投资协调发展等。

围绕全面促进消费。《建议》明确，增强消费对经济发展的基础性作用，提升传统消费，培育新型消费，适当增加公共消费；发展服务消费，放宽服务消费领域市场准入；落实带薪休假制度，扩大节假日消费等。

围绕拓展投资空间。《建议》提出，优化投资结构，保持投资合理增长，发挥投资对优化供给结构的关键作用；加快补齐基础设施、市政工程、农业农村、公共安全、生态环保、公共卫生、物资储备、防灾减灾、民生保障等领域短板；激发民间投资活力，形成市场主导的投资内生增长机制等。

资料来源：新华社，2020 年 11 月 3 日。

（四）山东服务和融入新发展格局的基础条件

努力在服务和融入新发展格局上走在前，关键要找准在国内大循环和国内国际双循环中的位置和比较优势，找准切入点和突破口。山东是经济大省、开放大省、人口大省，在促进经济畅通、推进国内消费、推动创新驱动、推进深化改革和推动扩大开放等方面都有坚实基础和独特优势，这是我们在服务构建新发展格局中展现担当、实现更大作为的潜力所在、底气所在、信心所在。必须把这些优势充分挖掘好、发挥好、拓展好，把优势转化为具体工作部署，转化为发展质量效益，努力发挥引领和带动作用。

（一）需求潜力加速释放

构建新发展格局，必须坚定不移扩消费、强投资、促流通、优供给，着力打通制约经济循环的关键堵点，培育完整的内需体系。山东拥有超大规模市场优势、巨大消费潜力，随着供给侧结构性改革深入推进，有效投资持续扩大，消费对经济发展的基础性作用稳步提升，需求牵引供给、供给创造需求的更高水平动态平衡正在加速形成。

国内最长智慧高速——京台高速泰安至枣庄段　　图片来源：齐鲁晚报

固定资产投资持续向好。"十三五"期间，山东牢牢抓住重大项目这个"牛鼻子"，坚持以优质项目带动有效投资，持续完善"要素跟着项目走"机制，高质量推进项目谋划招引和落地见效，一批重大产业、重大基础设施、重大平台和重大社会民生项目加快建设，固定资产投资年均增长达到 3.2%，对经济增长的拉动作用明显增强。与此同时，投资结构也在持续优化，新型基础设施、新型城镇化和交通、水利等重大工程投资快速增长，既有力保障和改善了民生，也孕育了新的发展动能。山东"十三五"城镇化率从 57.01% 提升到 63.05%，预计 2025 年，常住人口城镇化率达到 68%。随着新型城镇化建设深入推进，智慧服务、城市更新、产业转型、污水处理、基本公共服务提质扩面等将迎来爆发式增长机遇，拉动经济增长的关键作用将更加突出。

市场消费增势强劲。主要体现在五个方面：一是规模壮大，基础作用有效发挥。"十三五"累计实现社会消费品零售总额 13.5 万亿元，是"十二五"的 1.5 倍。二是协调均衡，城乡市场同步发展。"十三五"期间乡村市场年均增速高于城镇市场 1.1 个百分点。三是结构优化，消费层次明显提升。居民食品烟酒支出占比继续降低，健康消费、信息消费成为市场新热点。四是品质引领，消费升级有效拓展。汽车消费升级趋势明显，高端节能智能化商品增势强劲。五是融合提速，网上消费高速增长。云计算、大数据及物联网等技术多领域发力，加速居民消费习惯重塑，直播电商、社区电商等逐步成长为消费新增长点，2021 年实物商品网上零售额达到 4763.3 亿元，增长 16.5%。展望未来，山东城镇化率逐年提高、居民收入持续增长，必将进一步为市场消费快速发展注入强大动力。

流通体系更加健全。济南、青岛、临沂等核心物流枢纽辐射带动作用进一步增强，烟台、潍坊、日照等骨干物流枢纽培育步伐加快，区域物流节点加速布局，多层级物流网络体系初步建立，流通基础设施条件显著改善，区域和城乡流通网络更加畅通。"十三五"期间，累计建成城市快递末端公共服务站1.62万个，布放智能快件箱4.9万余组，格口数201.8万个，多元化末端配送格局基本形成。县乡村三级农村物流网络不断完善，建成县级物流节点201个，乡镇物流节点1805个，村级物流节点20184个。2021年省政府印发《关于加快建设现代流通体系服务构建新发展格局的实施意见》，推出6大项20条举措，到2025年，山东省全社会交易成本将进一步降低，现代流通服务优势将进一步塑成。

（二）创新动力显著增强

构建新发展格局，必须加快科技自立自强，努力突破"卡脖子"技术。近年来，山东全面落实科教强鲁、人才兴鲁战略，深入实施省级大科学计划、大科学工程规划，科技创新质量和效益全面提升，支撑引领经济社会发展的能力逐步提升。

创新平台建设提速。国家实验室、国家重点实验室、山东省实验室、山东省重点实验室四级"1313"实验室体系不断健全，产业发展的链式支撑不断增强。青岛海洋科学与技术试点国家实验室、中科院海洋大科学中心、济南国家超算中心、国家高速列车技术创新中心、国家燃料电池技术创新中心、高端智能家电制造业创新中心等"国字号""中字头"科技力量纷纷落户、加快建设。山东产业技术研究院、高等技术研究院、能源研究院等相继揭牌，省级创新创业共同体发展到 31 家，"1+30+N"的"政产学研金服用"创新创业共同体体系初步形成。

> **名词解释**
>
> ### "1313"实验室体系
>
> 2022 年 1 月，山东出台《山东省"十四五"科技创新规划》，提出深入实施山东实验室体系重塑攻坚行动，全力构建 1 家国家实验室、30 家左右国家重点实验室、10 家左右山东省实验室、300 家左右省重点实验室，打造具有山东特色、接续联动、梯次衔接的"1313"四级实验室体系，提升对接国家战略的能力。
>
> 资料来源：山东省科学技术厅网站，2022 年 1 月 24 日。

关键核心技术实现突破。时速 600 公里高速磁浮试验样车在青岛下线，标志着我国在高速磁浮技术领域实现重大突破；"济麦 44"亩产 766.62 公斤，创全国超强筋小麦单产纪录；在量子计算方面，"测量器件无关量子密钥分发"理论和实用化高效率双场量子密钥分发协议研究取得重大进展，连续创造 300 公里、404 公里、509 公里的量子密钥分发世界纪录。在智慧交通、精细化工、燃料电池、碳纤维、重大新药创制、医疗器械、地下工程重大灾害防控、深地资源勘查开采、海洋药物等 20 多个领域，山东在科技创新和产业化上也均走在国内前列。

创新主体不断壮大。近年来，山东遵循科技企业成长规律，按照不同阶段成长特点，精准制定扶持政策，构建科技型企业全生命

世界首套设计时速达 600 公里的高速磁浮交通系统　　图片来源：青岛日报

周期梯次培育体系。通过实施高新技术企业培育工程、科技型中小企业培育工程等，科技强企方阵初具规模。2021 年底高新技术企业突破 2 万家，入库科技型中小企业 2.8 万家，省级"专精特新"中小企业 3424 家、瞪羚企业 1140 家、独角兽企业 20 家；制造业单项冠军企业 557 家，全国重点支持"小巨人"企业 157 家，数量居全国首位。

（三）动能转换提速增效

构建新发展格局，必须推动产业链供应链优化升级，加大建链补链延链强链力度，推进产业基础高级化、产业链现代化。2018 年以来，山东坚定不移推进"腾笼换鸟、凤凰涅槃"，坚决淘汰落后动能、坚决改造提升传统动能、坚决培育壮大新动能，"十强"

现代优势产业集群加速崛起，全省以先进制造业为支撑的现代产业体系加快构建，供给体系韧性和对需求的适配性越来越强，全省新旧动能转换正向"五年取得突破"的目标加速迈进。

传统产业加快升级。钢铁、石化、铝业等七大高耗能行业整合提升成效明显，裕龙岛炼化一体化、先进钢铁制造基地、世界铝谷、山东重工绿色智造产业城等一批标志性、引领性重大项目落地实施。企业技改力度逐步加大，"十三五"以来全省滚动实施"万项技改""万企转型"，开展投资 500 万元以上技改项目 7 万余个，完成技改投资 4 万亿元以上，随着装备换芯、生产换线、机器换人、园区上云、产链上网、集群上线等由点到面、逐步普及，传统行业"老树发新枝"，高端化、智能化、绿色化发展步伐不断加快。

新动能快速成长。以新技术、新产业、新业态、新模式为代表的"四新"经济蓬勃发展，成为投资的热点领域和推动经济增长的强大引擎。2021 年"四新"经济增加值占比达 32% 以上，投资占比达 51.2%，高新技术产业投资增长 11.6%，高于全部投资 5.6 个百分点。以互联网经济为代表的数字经济迅速发展壮大，海尔卡奥斯、浪潮云洲持续领跑国家级"双跨"工业互联网平台。累计开通 5G 基站超过 10 万个，建成全国首张确定性网络。新一代信息技术、高端化工、高端装备、新材料、新医药等"十强"重点产业规模迅速提升，势头强劲。2021 年"十强"产业增加值、高新技术产业产值占比分别达到 15%、46.76%，新动能"增的趋势、转的态势、量的优势"都在加快显现。

产业链韧性持续提升。2021 年起，山东聚焦制造业九大产业领域 42 条产业链全面推行产业链责任制度创新，每条产业链精准绘制形成"1 个产业链图谱""N 张清单"，包括产业链龙头骨干企业清单、主要配套企业清单、锻长板重点领域清单、补短板突破环节清单、关键产品技术攻关清单、可对接的省外头部企业清单、可对接的省内外科研机构清单、可对接的省内外社会基金清单、重点产业区域布局清单、重点项目清单等，精准实施延链补链强链项目。现已确定 112 家链主企业、核心配套企业 709 家，指导成立产业链联盟 35 个，省市一体化谋划实施产业链项目 166 项，组织推动产业链技术攻关 69 项，举办产业链对接活动 57 场，产业链优化提升稳步推进。

（四）重大战略扎实推进

黄河流域生态保护和高质量发展、打造乡村振兴齐鲁样板、经略海洋等重大战略，是引领山东高质量发展的重要载体，也是山东主动服务和融入新发展格局的有效途径。随着这些重大战略在山东纵深推进、落地见效，各方面政策叠加优势充分显现、机遇红利加速释放。

黄河国家战略深入实施。黄河流域生态保护和高质量发展规划正式出台，济南新旧动能转换起步区、黄河口国家公园、儒家文化区等 50 多个重大事项列入国家规划纲要。重点项目稳步推进，2021 年 390 个项目完成投资近 1800 亿元，全国首单黄河流域高质量发展专项债券、生态环保专项债券和引黄灌区水利建设专项债券顺利发行，规模超过 200 亿元。与沿黄 8 省（区）会商确定的 7 个领域、102 个跨省合作事项中，鲁豫黄河流域横向生态保护补偿、

黄河三角洲良好的自然生态   图片来源：大众日报

陇电入鲁等 80 余项已取得重要进展；黄河流域生态保护和高质量发展国际论坛、黄河流域要素市场化配置高峰论坛和高素质技术技能人才合作交流研讨会等重大活动成功举办，线上推介 5000 多个园区和项目。"一群两心三圈"区域发展格局纵深推进，山东半岛城市群综合竞争力稳步提升。

乡村振兴成效突出。累计将 5.17 万人纳入防止返贫监测帮扶范围，黄河滩区居民迁建全面完成。农业新业态新模式培育壮大，田园综合体、休闲农业、乡村旅游、农村电商等快速发展，家庭农场达到 10.46 万户、农民合作社 24.47 万家。产业振兴带动了农民收入增长，2021 年农村居民人均可支配收入同比增速高出城镇居民 3.3 个百分点，城乡居民人均可支配收入比缩小至 2.26。农村人居环境逐步提升，厕所改造基本实现应改尽改，生活垃圾无害化处理行政村覆盖率达到 95%，村容村貌持续改观。选派 3 万多名"加强农村基层党组织建设"工作队员、第一书记驻村开展工作，基层党组织战斗堡垒作用显著增强。

延伸阅读

山东农业"五子登科"

山东是全国粮棉、水果、蔬菜、肉类等主产区，以约占全国 6% 的耕地、1% 的淡水，提供了全国 8% 的粮食、10% 的水果、11% 的蔬菜、13% 的水产品，可谓"五子登科"：一是"米袋子"。全国 13 个粮食主产省之一，粮食总产量连续 8 年稳定在千亿斤以上。二是"菜篮子"。冬暖式蔬菜大棚发源地，与美国得州、乌克兰并称为世界三大"菜园"，蔬菜产量连续多年超过 8000 万吨。三是"果园子"。园林水果产量长期居全国前列，烟台苹果、莱阳梨、肥城桃、金丝小枣、沾化冬枣等久负盛名。四是"鱼篓子"。2020 年，水产品总产量 828.7 万吨，居全国第三位。五是"油瓶子"。全国油料主产区，花生生产第一大省，油料产量居全国前列。山东是全国首个农业总产值过万亿的省份，农产品出口长期领跑全国，是全国首个出口食用农产品质量安全示范省。

　　海洋强省建设步伐加快。山东海域陆域面积相当，海岸线长度占全国 1/6，海洋生产总值占地区生产总值比重、占全国海洋生产总值比重分别达到 1/5 和 1/6。世界一流海洋港口建设稳步推进，2021 年山东沿通港口完成货物吞吐量 17.8 亿吨，集装箱吞吐量 3446 万标箱。现代海洋产业体系不断健全，国家级海洋牧场发展到 59 家。海洋生态环境持续改善，近岸海域水质优良面积比例保持在 90% 以上，国控入海河流全部消除劣 V 类及以下水体。2022 年，山东将开展新一轮海洋强省建设行动，努力打造海洋高质量发展战略要地。随着各项工作有序推进，拥抱海洋、开发海洋、保护海洋，加快推动海洋经济高质量发展的热潮正在齐鲁大地蓬勃兴起。

中集来福士制造的海上平台　　　　　　　　图片来源：海报新闻

（五）改革开放持续深化

构建新发展格局，必须依托我国大市场优势，促进国际合作，推动形成全方位、多层次、多元化的开放合作格局。近几年，山东大力开展全方位制度创新，打造对外开放的新高地不断取得新的进展，改革与开放的叠加效应充分释放。

区位优势日益凸显。山东位于东部沿海、黄河下游，北接京津冀，南临长三角，是我国由南向北扩大开放、由东向西梯度发展的战略节点，位于南北两大经济版图的交汇地带，在优化我国南北经济格局中发挥关键作用。同时，山东又是古老的丝绸之路的重要起点，新的海陆丝绸之路"十"字结点，还是新亚欧大陆桥经济走廊沿线重点地区，处于东北亚区域经济圈中心位置。随着RCEP正式生效、深入实施，山东作为东北亚的重要供应枢纽和产业链枢纽，通过日韩连接欧美发达国家，内接全国市场的作用将更加突出。

重点领域改革富有成果。围绕事关全局和长远的重大战略部署，山东突出重点、精准发力，统筹布局重大制度创新资源，集中力量推出一批具有标志性、引领性、支撑性的制度创新成果。"要素跟着项目走""亩产效益论英雄"，要素配置不断优化；健全经营体制、优化布局结构、转变监管方式，国有企业动力活力有效激发；精简机构、精准赋权，开发区全面"瘦身强体"；财政资金直达、"市县同权"，调动各级加快高质量发展的积极性；"一窗受理·一次办好"，容缺受理、帮办代办等全面推行……一系列重点领域改革，破除体制机制障碍，打开了高质量发展的动力转换之门，激发了市场活力和社会创造力。随着改革不断深化，山东制度创新"红利"持续释放，"效能山东"成为社会各界的共识。作为改革成效最直接体现的营商环境，山东整体水平列全国第一方阵，"万家民营企业评营商环境"居全国第 5 位。

对外开放水平加快提升。跨国公司领导人青岛峰会永久落户，儒商大会、"山东与世界 500 强连线"等系列高能级活动接连举办。中国—上海合作组织地方经贸合作示范区"四个中心"加快建设，自贸试验区试点任务实施率达到 98.2%。2021 年"齐鲁号"中欧班列开行 1825 列、增长 21.2%，构建起"东联日韩、西接欧亚、辐射东南亚、带动全国"的贸易物流"黄金大通道"。跨境电商进出口、市场采购出口蓬勃发展，2021 年双超千亿元，实际使用外资突破 200 亿美元，这些都反映出山东在国际市场中的地位和作用。

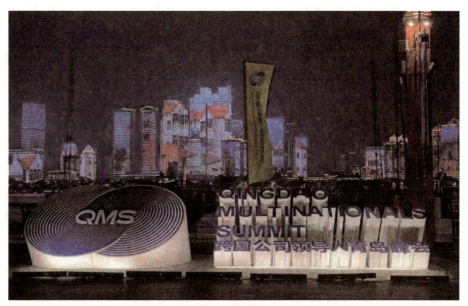

跨国公司领导人青岛峰会永久落户　　　　　图片来源：好客山东网站

需要指出的是，拥有诸多优势和条件并不意味着高枕无忧，客观优势也并不完全等同于实际优势，必须清醒认识当前山东生产、分配、流通、消费各环节间仍存在一些"堵点"和"痛点"。山东最终消费率远低于国际标准值，2020年居民人均可支配收入比全国平均水平（32189元）多697元，排名全国第8位，较发达省份还有较大的提升空间，收入水平偏低制约了消费水平的提高。山东全社会研发投入相对偏低，一些关键领域缺芯、少核，"卡脖子"问题亟待解决。供需对接不畅，产业链协同发展水平不高。这些都需要我们高度重视，统筹做好补短板、强弱项、锻长板工作，努力将先发优势转化为持久优势，把客观优势转化为实际优势。

五 服务和融入新发展格局的山东担当

习近平总书记亲自谋划部署，推动构建以国内大循环为主体、国内国际双循环相互促进的新发展格局，这是统筹"两个大局"、审时度势作出的重大决策，是对经济发展客观规律的准确把握和科学运用。我们要坚持从战略全局高度学习领会习近平总书记关于构建新发展格局的重要论述，奋力在服务和融入新发展格局中彰显山东担当、展现山东作为、作出山东贡献。

（一）深入推动新旧动能转换

坚定落实习近平总书记"腾笼换鸟、凤凰涅槃"重要指示要求，聚焦"五年取得突破"目标，深入实施新旧动能转换突破方案，进一步突出创新引领，推动创新链产业链融合发展，提升制造业核心竞争力，促进产业升级，拓展动能转换空间，在高质量发展上奋力蹚出一条路子来。

新旧动能转换时间表、路线图

山东省委、省政府认真落实国务院《山东新旧动能转换综合试验区建设总体方案》，先后出台《山东省新旧动能转换重大工程实施规划》《关于推进新旧动能转换重大工程的实施意见》，编制11个"十强"产业专项规划，颁布实施《山东省新旧动能转换促进条例》。

总体部署是：一年全面起势、三年初见成效、五年取得突破、十年塑成优势。主攻方向是："四新"促"四化"实现"四提"。就是以新技术、新产业、新业态、新模式为核心，促进产业智慧化、智慧产业化、跨界融合化、品牌高端化，实现传统产业

卡奥斯与德威动力共同开发的AGV　　　　图片来源：大众日报

提质效、新兴产业提规模、跨界融合提潜能、品牌高端提价值。

发展重点是："10+4"。"10"是"十强"产业，即新一代信息技术、高端装备、新能源新材料、现代海洋、医养健康五大新兴产业，高端化工、现代高效农业、文化创意、精品旅游、现代金融服务五大传统产业；"4"是"四大支撑"，即推进"放管服"改革、干部人才、基础设施、制度创新。

总体布局是："三核引领、多点突破、融合互动"，即：加快提升济南、青岛、烟台3个核心城市地位，以其他13市国家和省级经济技术开发区、高新技术产业开发区以及海关特殊监管区等为重点打造区域经济新增长极，促进全域深度融合、联动发展。

突出优势集群引领，着力优化"十强"产业布局。实施强链补链项目，进一步调整优化产业布局，集中力量在培植主导产业、提升产业链、发展特色集群上加快突破。每年重点支持100个左右产业链重大项目，打通产业链上下游，提升现代化水平。培育优良产业生态，加快培育形成以龙头企业为核心、上下游协作联动、产业链配套延伸的产业集群方阵，形成"参天大树"与"灌木丛"共生的产业生态。到2022年年底，省级以上"专精特新""瞪羚""独角兽"和制造业单项冠军企业分别达到3000家、1000家、20家和500家。

突出去旧育新并举，着力推动绿色低碳发展。大力破除低端无效供给，严格落实国家去产能任务，着力化解钢铁、煤炭、电解铝、火电、建材等行业过剩产能，保持产能利用率在合理区间。

坚持严控"两高"、优化其他，严格落实"四个区分"，执行"五个减量替代"，坚决遏制盲目新上"两高"项目，推动新兴产业加速崛起、扩容倍增、重点突破。积极发展节能环保产业，支持绿色制造、新能源开发、循环经济、清洁生产、固废利用等重点项目建设。

突出强化创新驱动，着力增强科技创新支撑力。全力争创海洋国家实验室，加快国家超级计算中心、吸气式发动机热物理试验装置等重大科技基础设施建设。实施山东实验室体系重塑攻坚，推进省部共建国家重点实验室，建设 10 家省实验室。推进中科院济南科创城、产业技术研究院、能源研究院、未来产业研究院等平台建设。聚焦人工智能、智慧海洋、"双碳"与绿色环保等领域，启动一批"技术攻关 + 产业化应用"重大科技示范工程。

突出高端平台撬动，着力凝聚区域发展合力。按照"五年成形、十年成势、十五年成城"总体目标，高水平建设济南新旧动能转换起步区。加快烟台、临沂、德州、菏泽 4 个省级新区建设，重点培育一批优势特色产业集群，谋划推进一批牵引性强、带动力大的重点项目，打造支撑高质量发展的新动力板块。创新推进中国（山东）自由贸易试验区和中国—上海合作组织地方经贸合作示范区建设，加快济青烟国际招商产业园建设，落实好开发区总体发展规划，集中打造一批特色园区，形成全省新旧动能转换的突破合力。

突出重大项目牵引，着力夯实发展后劲支撑。紧紧扭住供给侧结构性改革主线，坚持供需两端协同发力，努力实现经济行稳致远。全面展开基础设施"七网"行动（综合立体交通网、现代物流网、能源保障网、市政公用设施网、现代水网、新型基础设施网、农村基础设施网），推进一批支撑性重大项目、重大工程。加大省级重点项目谋划储备力度，以"十强"产业、重大基础设施、新基建、工业技改、补短板强弱项等为重点，每年谋划布局2000个左右省级重点项目。高质量抓好"双招双引"，提升跨国公司领导人青岛峰会、儒商大会、鲁台经贸洽谈会等重大平台国际影响力，分类抓好在谈、签约、落地重大外资项目推进实施。

（二）紧紧扭住内需战略基点

坚持内循环与外循环相互促进、供给侧与需求侧协同发力，紧紧扭住扩大内需战略基点，塑强投资消费双引擎，提升产业链供应链现代化水平，完善基础设施网络现代流通体系，创新做实陆海统筹联动机制，争当扩内需的排头兵。

1.推动消费注重扩容提质

以提升居民消费品质为方向，促进吃穿用住行等传统消费升级。推动智能家居、智能终端、服务机器人进入家庭，开展家电更新消费试点。优化汽车管理服务，推广新能源汽车，推动汽车消费升级。支持济南、青岛建设国际消费中心城市，打造集聚潮流尖品、富有时尚魅力的北方消费中心和重要国际消费目的地。积极挖掘地方土特产品、特色美食、休闲农业等消费潜力，吸引城市居民下乡消费，推动农商旅文消费聚集。丰富适合农村消费的商品和服务供给，打通绿色农产品入超、优质工业品下乡最先和最后"一公里"。鼓励地方特色小吃品牌化、规模化发展，振兴"新鲁菜"。

以信息技术为手段，推动消费数字化转型，培育发展消费新业态新模式。大力发展新零售，启动新零售"百千万"工程，引导大型实体零售终端向场景化、体验式、综合型消费场所转型，小型实体零售终端"一店多能"集合多种生活服务功能，做强首店首发经济。推动线上线下融合消费双向提速，发展直播电商、社交电商、社区电商、云逛街等新模式。建设一批电商供应链基地，加快推广农产品"生鲜电子商务 + 冷链宅配""中央厨房 + 食材冷链配送"等服务新模式。布局进口商品集散分拨中心、保税商品展示交易中心。

以提升便利度和改善服务体验为重点，激发居民消费潜力。完善鼓励消费政策体系，稳定和增加居民财产性收入，持续提升居民消费能力，增强消费意愿，组织实施消费促进活动，落实带薪休假制度，塑造良好消费生态。以"一老一小"为重点，提高家政、养老、托幼等领域标准化、规范化、品牌化水平，推动生活性服务业职业化发展。建设便民生活服务圈、城市社区邻里中心、乡镇商贸中心和农村社区综合性服务网点，提升发展社区商业。开展"放心消费在山东"工程，维护消费者权益，保护消费者隐私。深入实施文化和旅游消费促进行动，创新"文化和旅游惠民消费季"等系列活动。

2. 扩大投资突出精准有效

抓实项目，调整优化投资结构。聚焦增强现代优势特色产业核心竞争力，谋划布局牵引性、战略性、支撑性重点项目。围绕产业基础高级化、产业链现代化，扩大传统优势产业、战略性新兴产业和未来产业投资，连续谋划推出省级重点项目；滚动实施万项技改、万企转型，扩大技改投资，创建国家级传统产业转型升级试点示范区，引导企业有序开展节能降碳技术改造，开展工业技改提级行动，设立"技改专项贷"，推进"万项万企""百园技改"计划，大幅提升工业技改投资；聚焦核心技术攻关、重大科学设施、创新共享平台，引导企业和各类机构扩大研发投入，提高转化效率；2022年开通5G基站达到16万个，支持济南、青岛建设国家级互联网骨干直联点，推进数据共建共享共用，服务和引领新经济发展。提升医养健康、普惠教育、婴幼儿照护、养老服务、全民健身、兜底保障服务等供给能力和质量。

适度超前，完善基础设施功能布局。加快建设综合立体交通网，建设"一轴两廊十通道"大通道，构建"1+2+4+4+N"大枢纽，到2025年基本建成现代化高速铁路网络，实现"市市通高铁"，全省高铁营业及在建里程达到4400公里，省际出入口力争达到10个以上；高速公路通车及在建里程达到10000公里，省际出入口超过30个，双向六车道及以上占比达到36%，基本实现县（市、区）有两条以上高速通达。加快建设现代物流网，抓好济南、青岛、日照等5个国家物流枢纽，2个国家骨干冷链物流基地及30个左右多式联运示范工程。加快建设能源保障网，加快实施新能源倍增行动，统筹推动太阳能、风能、核能等开发利用。到2025年，可再生能源发电装机规模达到8000万千瓦以上，有效扩大外电入鲁规模。加快市政公用设施网，整县制推进雨污合流管网和黑臭水体清零，全部城市和建成区黑臭水体保持动态清零。实施城市更新行动，加大城镇老旧小区改造力度。加强现代水网建设，推进京杭运河与小清河联通工程，提速京杭运河山东段改造工程，开展智慧水利建设，加快形成环鲁内河水运网。加快建设新型基础设施网，加快建设国家级互联网骨干直联点。加快建设农村基础设施网，完善乡村水、电、路、气、通信、广播、电视、物流等基础设施。

延伸阅读

山东省"十四五"综合交通运输发展规划提出构建

"1+2+4+4+N"的大枢纽

"1"是建设山东半岛世界级港口群，"2"是打造和培育青岛、济南两个国际性综合交通枢纽城市，两个"4"分别是打造和培育烟台、潍坊、临沂、菏泽4个全国性综合交通枢纽城市和济南机场、青岛机场、烟台机场、临沂机场4个枢纽机场，"N"是加快建设一批综合交通枢纽设施，基本形成面向世界、连通全国、覆盖全省的枢纽集群。

资料来源：人民资讯，2021年7月29日。

强化保障，完善投资促进机制。加强逆周期调节调控和政策工具储备，更好发挥投资对保增长、稳预期、优结构的引导作用。深化投资体制改革，推进审批权限层级协同、审批事项归并整合，优化项目在线审批监管平台并联审批流程。增强项目要素保障，建立省级重大项目专项储备库，加强土地、能耗指标等要素全省统筹和精准对接。细化土地利用计划管理，盘活批而未供土地和闲置土地。全面开展单位能耗产出效益评价，健全指标省级收储交易机制。完善政府引导基金、政府购买服务等市场化投入机制。统筹考虑政府中长期财力，规范有序开展政府和社会资本合作项目投资建设管理。完善地方政府专项债管理体系，稳妥推进基础设施领域不动产投资信托基金试点。

3. 畅通循环重在融通提升

促进供需在更高水平上适配。深入实施质量强省和品牌战略，拓展"山东制造·网行天下"，擦亮"好品山东"公共品牌，实施产品提质工程、进口替代工程，扩大优质消费品和服务供给，显著提升国内市场份额。与国际质量、安全、卫生、环保、节能标准接轨，统筹规划社会公用计量标准，建设国家级检测与评定中心、产业计量测试中心，完善"泰山品质"认证标准体系，深化国家标准化综合改革试点。支持企业开展质量管理体系认证、境内外商标注册和专利申请，打造全国知名品牌创建示范区。

建设高质高效的现代流通体系。大力发展多式联运，发展高铁快运等铁路快捷货运产品，加强国际航空货运能力建设，提升国际海运竞争力。完善冷链物流体系，科学布局冷链设施，建设济南、青岛等国家骨干冷链物流基地，打造辐射全国的冷链物流集散中心。完善仓储配送体系，深化城乡高效配送专项行动，发展生鲜超市、产地仓、直采基地等业态模式，布局建设一批直营连锁超市、加工配送中心、乡镇商贸中心。培育具有国际竞争力的现代流通企业，推进数字化、智能化改造和跨界融合。支持物流、快递企业和应急物资制造企业深度合作，构建关键原材料、产成品等高效应急调运体系。

推动内外贸融通发展。促进内外贸质量标准、认证认可相衔接，推进同线同标同质。培育双循环企业，壮大内外兼营、国际竞争力和抗风险能力较强的本土跨国企业，支持出口企业拓展内销市场，推动外贸企业上线电商平台、入驻政府采购等网上平台。发展进口商品直销等新型商业模式，推动国际空港、海港、邮轮母港增设免税店。加快跨境电商综合试验区和跨境电商零售进口试点城市建设，落实跨境电商零售进口商品清单和监管政策。培育认定一批跨境电商服务平台、公共海外仓和产业园，持续扩大跨境电商、市场采购新模式。

（三）打造乡村振兴齐鲁样板

深入学习贯彻习近平总书记关于"三农"工作的重要论述，聚焦农业强、农村美、农民富，健康有序推动乡村产业、人才、文化、生态、组织"五个振兴"，着重抓好"一个确保""两个要害""三个提升""四个关键"，高质量高水平打造乡村振兴齐鲁样板。

1.确保巩固拓展脱贫攻坚成果同乡村振兴有效衔接

巩固拓展脱贫攻坚成果。5 年过渡期内严格落实"四个不摘"

平度市旧店镇万汇蝴蝶兰产业园　　　　　　　图片来源：青岛日报

要求，保持现有帮扶政策、资金支持、帮扶力量总体稳定，持续巩固脱贫攻坚成果，确保稳定脱贫不返贫。健全防止返贫动态监测和帮扶机制，及时发现可能返贫致贫人口，按照"缺什么补什么"原则，采取针对性帮扶措施，防止返贫和新致贫。

推进重点帮扶区域乡村全面振兴。加大对省乡村振兴重点帮扶县支持力度，从政策、资金、项目等方面给予倾斜。做好黄河滩区居民迁建和易地扶贫搬迁后续扶持工作，确保搬迁群众稳得住、有就业、逐步能致富。加强农村低收入人口常态化帮扶。以现有社会保障体系为基础，建立农村低收入人口主动发现机制，分层分类做好帮扶救助和兜底保障工作。

2. 紧扣耕地和种子"两个要害"

坚持"藏粮于地"，严守耕地保护红线，加强永久基本农田和粮食生产功能区建设和监管，坚决遏制耕地"非农化"、严格管控"非粮化"，粮食播种面积稳定在1.2亿亩以上。实施新一轮高标准农田建设规划，在粮食产能大县开展高标准农田建设整县推进工作，整建制开展"吨粮县""吨粮镇"建设，支持德州市开展"吨半粮"生产能力建设，鼓励东营、滨州、潍坊等市挖掘盐碱地粮食增产潜力，布局建设国家粮食安全产业带。到2025年，全省建成高标准农田7791万亩，整建制建设100个吨粮镇、30个吨粮县，全年粮食总产量稳定在1100亿斤左右。打造齐鲁好粮油品牌，开展粮食节约行动。

坚持"藏粮于技"，深入实施现代种业提升工程，加强农作物、畜禽、水产种质资源保护利用，加强种质资源库建设。重点围绕种质资源精准鉴定与创新利用、基因工程育种技术、突破

山东省兰陵县南桥镇，一家蔬菜专业合作社用无人驾驶一体机播种土豆（无人机照片）

冯磊 摄

性农业新品种（系）培育，加大技术攻关力度。到 2025 年，建成协同创新育种平台 10 个以上，育成自主知识产权新品种 100 个以上。推进国家区域级畜禽遗传资源基因库建设，加强良种试验和关键技术推广体系建设，培育壮大育繁推一体化种业企业，力争 10 家企业进入全国前 50 强。

3. 着力实现农业发展效益、农村建设水平、农民生活质量"三个提升"

提升农业发展效益。实施寿光蔬菜、栖霞苹果等 17 个优势特色产业培育计划，培育国家级优势特色产业集群 8 个以上，打造知名农产品区域公用品牌，扩大"齐鲁灵秀地·品牌农产品"品牌影响力。实施全产业链培育计划，推进农产品加工向产地下沉、向园区集中，引导加工企业向中心镇、专业村聚集，建设国家和省级现代农业产业园 100 个以上、农业产业强镇 1000 个以上，打造省级农产品加工业高质量发展先行县 50 个。实施乡村旅游精品工程，加快促进一二三产业融合发展。到 2025 年，全省农林牧渔业总产值达到 1.3 万亿元以上、增加值 6900 亿元以上，80% 以上涉农县（市、区）基本实现农业现代化。到 2025 年，农村居民人均可支配收入年均增长 7% 以上。

提升农村建设水平。合理确定村庄布局分类，有条件有需求的村庄实现规划应编尽编。持续推进"四好农村路"、城乡供水一体化、农村客运公交化、文化体育、公共照明等基础设施建设，建立完善长效管护机制。实施农村人居环境整治提升五年行动，启动整县推进综合试点，分类有序推进农村厕所革命，开展农村生活污水治理巩固提升工作，推进村庄清洁和绿化行动，开展美丽乡村和美丽庭院建设。深化乡村文明行动，推动形成文明乡风、良好家风、淳朴民风。弘扬社会主义核心价值观，推动习近平新时代中国特色社会主义思想进乡村、进社区。拓展新时代文明实践中心（所、站）建设，实现行政村（社区）全覆盖。

提升农民生活质量。持续实施高素质农民培育计划。聚焦教育、医疗、养老、社会保障等重点领域，不断提升农村基本公共服务水平和城乡公共服务均等化水平。

4. 统筹抓好党建引领、数字赋能、改革创新和政策支撑"四个关键"

加强党的领导。强化五级书记抓乡村振兴责任，健全省负总责、市县乡抓落实的农村工作领导体制，将脱贫攻坚中形成的组织推动、要素保障、政策支持、协作帮扶、考核督导等工作机制，运用到推进乡村振兴工作中。加强农村基层党组织建设，选优配强村"两委"成员特别是村党组织书记。做好"加强农村基层党组织建设"工作队、第一书记等工作。

坚持数字赋能。推进数字乡村试点建设，加大 5G 网络建设力度，到 2025 年农村地区 80% 家庭具备千兆接入能力。建立农业农村大数据体系，推动新一代信息技术与农业生产经营深度融合，推动全产业链深度数字化变革，加快智慧农业发展。

深化改革创新。稳步推进农村土地制度改革，有序开展第二轮土地承包到期后再延长 30 年试点。稳慎推进农村宅基地制度改革试点。积极探索农村集体经营性建设用地入市制度，加快建立城乡统一的建设用地市场。巩固提升农村集体产权制度改革成果。规范农村产权流转交易市场。

强化政策集成。实施乡村振兴政策集成改革试点，释放政策叠加协同效应。强化人才支撑，制定支持各类人才返乡入乡政策措施，畅通各界人士报效乡梓渠道。加强用地保障，优先保障乡村重点产业和项目用地。健全"三农"财政投入稳定增长机制，完善涉农资金统筹整合长效机制。稳步提高土地出让收入用于农业农村比例。深化财政金融政策融合支持乡村振兴试点，引导金融机构持续增加农业农村金融供给。

（四）大力推进海洋强省建设

建设海洋强省，是服务和融入新发展格局的需要，是创造经略海洋新路径的需要。山东将紧紧扭住"加快建设世界一流的海洋港口、完善的现代海洋产业体系、绿色可持续的海洋生态环境"重点任务，以高质量发展为主题，加快建设海洋经济发达、海洋科技领先、海洋环境优美、海洋治理高效的现代化海洋强省，努力在发展海洋经济上走在前列，走出一条具有山东特点的海洋强省之路。

1. 加快建设世界一流的海洋港口

打造智慧绿色平安港口。整合优化沿海港口资源，提升港口建设现代化水平，推动陆海联动、港产城融合，努力打造高效协同、智慧高端、绿色环保、疏运通达、港产联动的国际化强港。深入开展交通强国智慧港口建设试点，推进自动化码头、智慧管理平台等重点项目建设，深化 5G、北斗、物联网等港口场景应用。完善港口 LNG 加注、岸电标准规范和供应服务体系。建立港口危险货物作业风险清单。

全球首艘 10 万吨级智慧渔业大型养殖工船 "国信 1 号"　图片来源：大众日报

山东省港口集团：一体化改革 建设世界一流的海洋港口

2019年8月6日，山东将青岛港、日照港、烟台港和渤海湾港整合，成立了山东省港口集团。整合之后，山东港口集团设计实施了"1+4+12+N"的组织架构，打造"以青岛港为龙头，日照港、烟台港为两翼，渤海湾港为延展，各板块集团为支撑，众多内陆港为依托"的一体化协同发展格局。成立两年来，山东港口集团累计开通315条航线，数量居北方港口首位。2021年整个山东省吞吐量17.8亿吨，山东港口完成15亿吨，集装箱完成3400万标箱。2021年港口吞吐量和集装箱吞吐量分别比2020年增长6.1%和8.3%，稳居全球第一和第三位。

为更好地发挥港口作为经济发展的重要支撑作用，山东港口集团又提出了"港产城"融合的概念。山东港口与省内16地市组建港口与城市联合体，"港城联动""双招双引"，探索推动港口转型升级，临港产业聚集和港产城建设，成为地方经济社会发展的"金牌合伙人"。

资料来源：齐鲁网，2021年11月15日。

提升港口航运综合服务功能。推动港口企业在境内外上市、发行债券。推进港口与银行等金融业务深度融合，大力发展涉港涉航财产保险、人身保险以及航运信贷、航运交易等全程服务，研究开发具有国际影响力的运价衍生品、大宗货物远期交易等航运金融产品。健全港口集疏运体系，推进疏港铁路向堆场、码头延伸。打造青岛港国际枢纽海港，加快建设东北亚国际集装箱运输枢纽和全球重要的能源原材料中转分拨基地，推动威海与韩国仁川"四港联动"。

推动港产城深度融合发展。制订全省港产城融合发展规划，推进国土空间布局与港口及临港产业规划有效衔接。实施新一轮港口基础设施提升工程，推动临港产业园区深度开发、老港区转型升级、链式产业集聚发展，加快自动化集装箱码头、大型原油码头和LNG码头等专业化码头建设。推进烟台海上世界、潍坊综合保税区北区等港产城融合示范项目，打造邮轮文旅小镇等融合发展样板，加快配套临港高端涉海服务业，构建港产城生态和谐空间。

2. 构建完善的现代海洋产业体系

做强做优沿海产业。坚持存量变革与增量崛起并举，带动沿海产业向高端化、集群化、基地化、绿色化发展，全面提高产业竞争力。发挥传统产业基础好、产业链长等优势，加强标准引领和品牌塑造，促进产业纵向延伸、横向联合、跨界融合，向全产业链和价值链高端发展；高水平建设海洋牧场，到2025年新建15处国家级海洋牧场示范区。瞄准全球海洋高端产业发展领域，在关键技术环节、重点装备方面加快突破，扩大产业规模，培育具有国际先进水平的沿海海洋新兴产业集群。

加快培育中远海产业。着力提高涉足远海能力，大力拓展范围和层次，向远海要空间、要资源、要效益。注重提高远洋运输业和远洋渔业的发展质量，加快建设千万千瓦级海上风电基地、北方风电母港，促进船舶建造、产品加工、贸易、物流等相关产业快速发展。突破船用大功率中高速内燃机、大型海洋工程用燃气轮机等动力装置及风电储氢装备、深海钻井隔水管等关键技术，重点发展深水和超深水半潜式生产平台、液化天然气浮式生产储卸装置、深远海养殖装备等深海油气装备和新兴海洋装备，努力抢占深海产业发展的制高点。

形成陆海产业融合发展新格局。在陆海产业规划上加强统筹，用大写意描绘大蓝图，实现陆海多规合一；在支撑陆海产业发展的基础设施建设上加强统筹，用大手笔勾勒大形体，打造立体化陆海产业通途；在陆海产业要素配置上加强统筹，优化政策、金融等供给，支持沿海高质高端海洋产业发展，将陆域"以亩产论英雄"等经验运用到海洋，进一步优化要素配置效率；在经济利益协调体系上加强统筹，做好沿海区域与内陆区域的合作交流，倡导内陆地区与沿海地区形成利益共享体，推动钢铁、石油炼化等产业向沿海集聚发展，鼓励沿海园区到内陆地区建设蓝色经济飞地，形成全省参与海洋强省建设新格局。

3. 优化绿色可持续的海洋生态环境

推动海洋绿色低碳发展。把环境约束转化为绿色机遇，加快发展海洋资源综合利用、海洋新能源、海洋环保等绿色新兴产业，构建科技含量高、资源消耗低、环境污染少的产业结构和生产方式，大幅提高经济绿色化程度。强化陆海污染联防联治，加快推进陆上水域和近海海域环境共管共治，开展净滩专项行动，实施入海排污口分类整治，彻底消除黑臭水体入海。加快推进渤海湾、莱州湾、丁字湾、胶州湾等重点海湾治理，争创国家级"美丽海湾"。

推动海洋生态保护修复。必须像对待生命一样对待海洋生态环境，像保护眼睛一样保护海洋生态环境，加快建设"水清、滩净、岸绿、湾美、岛靓"的美丽海洋。加大受损区域的海洋生态修复，筑牢蓝色屏障，打造海洋生态安全的生命线。严格落实海洋主体功能区规划，实施重大生态修复工程，恢复海洋生态环境自然功能，维护海洋生态系统生物多样性。高水平建设长岛海洋生态文明综合试验区，推进长岛海洋生态保护和可持续发展，在海洋生态文明建设上探路子、树标杆。

推动海洋生态文明制度体系完善。开展盐沼、海草床等蓝碳生态系统监测评估。探索建立海洋碳汇标准体系，开展海藻养殖区增汇、海底碳封存等试点。建设黄渤海蓝碳监测和评估中心、桑沟湾贝藻碳汇实验室等平台。支持威海建设蓝碳交易平台试点。推进烟台开展生态产品价值实现机制试点。优化生态环境监管体制，健全海洋生态环境监测体系，加快完善海洋生态补偿和生态损害赔偿、

长岛海洋生态文明综合试验区　　　　　　　　　图片来源：海报新闻

生态修复等激励约束制度，用最严格的制度、最严密的法治保护生态环境。逐步建立湖（包括湿地、水库）、河、湾、岛"四长制"，压实环境保护主体责任。

（五）推动城乡区域协调发展

新型城镇化一头连着雄厚内需潜力，一头连着现代化生产、生活、安全、治理方式，对畅通经济循环、构建新发展格局至关重要。山东将深入推进以人为核心、以提高质量为导向的新型城镇化战略，加快城市更新，更加注重提升城镇发展智慧化、绿色化、均衡化、双向化水平。

1. 深入推进智慧城镇化，系统提升数字治理能力

布局泛在领先的数字设施。实施 5G 和固定网络"双千兆"工程，加快发展第五代超高速光纤网络，打造一批"全光网"城市。发展智慧交通，全面提升交通运行智能协同水平。发展智慧能源，在工业园区、公共机构、城市商业区、居民小区等建设"源网荷储一体化"能源系统。发展智能化公用设施，建设智慧杆柱、智能化综合管廊。

打造精准便捷的智慧服务。实施教育信息化 2.0 行动计划，构建全省一体的"互联网＋教育"体系。积极创建"互联网＋医疗健康示范省"，普及应用电子健康卡，发展移动端预约诊疗、移动支付、诊间结算、检验检查结果查询等服务。实施"好客山东·云游齐鲁"智慧文旅工程，提升打造"山东公共文化云"平台。

建设协同高效的数字政府。加快建设"城市大脑"，依托全省一体化大数据平台，加强各类数据资源融合应用，创新社会治

理和公共服务模式。整合升级全省应急通信网络，构建天地一体化应急通信网。高标准建设数字"平安山东"，全面提升公安指挥处置、侦查打击、管控防控、交管监管能力。

构建全国区域性创新高地。深耕细作"十强"产业，分产业链制定龙头企业、配套企业、核心技术清单。积极争取国家重大科技基础设施和大科学装置布局。围绕量子信息、5G、物联网、工业互联网、人工智能等领域，壮大新型研发机构群。制订未来产业发展实施方案，打造济南、青岛未来产业集聚区。

2. 深入推进绿色城镇化，聚力打造美丽宜居生态

推进城乡空间合理布局。综合考虑人口分布、经济布局、国土利用、生态环境保护等因素，合理确定城市规模和空间结构，构建大中小城市和小城镇协调发展的城镇格局。高质量推动城镇开发边界内的老旧厂区、老旧街区改造更新，分年度制定改造计划。

创新城市绿色发展模式。整建制实施老城区雨污分流工程，新建城区全部实行雨污分流，推进城市污水处理厂服务范围向周边农村延伸。施行全省生活垃圾强制分类，建设城市生活垃圾分类投放、收集、运输、处理体系。优先发展城市公共交通等低能耗交通方式，新增城市公共汽（电）车全部采用新能源汽车。推广绿色节能建筑，城镇新建民用建筑全面执行绿色建筑标准，加快太阳能、地热能、生物质能、空气能等清洁能源建筑应用。

增强城市生态安全韧性。健全城市运行安全评估机制，开展城市自然灾害、事故灾难等隐患排查治理。完善极端天气等突发事件预警信息发布系统，实施桥隧、地铁、地下停车场、低洼社区等重点场所安全能力提升工程，对城市易涝积水区段实施智能监控、精

国家超级计算济南中心　　　　　　　　　　　图片来源：大众日报

准预警、快速排险。

3.深入推进均衡城镇化，扎实迈向全民共同富裕

实现基本公共服务均等共享。优化城乡义务教育学校布局，基本实现教师编制、学位供给与学龄人口均衡配置。实施基层医疗卫生服务能力提升行动，补齐二级以上综合医院发热门诊、感染性疾病科建设和实验室病原检测能力短板。健全养老服务网络，街道综合养老服务中心实现全覆盖。统筹实物保障和租赁补贴方式，合理扩大保障性租赁住房供给。

促进城乡公共资源均衡配置。因地制宜、分类推进村庄建设，优化布局乡村生活空间，严格保护农业生产空间和乡村生态空间。统筹城乡基础设施，加大以城带乡力度，推动市政公用设施向郊区乡村和规模较大中心镇延伸。推进农村生活垃圾就地分类和资源化利用，梯次推进农村生活污水治理，运用电代煤、气代煤、可再生能源等新技术改善农村集中居住社区供暖条件。

聚力缩小城乡居民收入差距。深化收入分配改革，提高低收入群体收入，扩大中等收入群体，构建"中间大、两头小"的橄榄型社会结构。加大税收、社会保障、转移支付、公益慈善等调节力度和精准性，合理调节城乡、区域、不同群体间分配关系。健全农民经营性收入增长机制，推动资源变资产、资金变股金、农民变股东，探索通过土地、资本等要素使用权、收益权增加农村居民收入。

推动城镇体系结构均衡协调。加快以县城为重要载体的城镇化建设，出台县城补短板强弱项导则和城镇化地区基础设施向农村延伸导则，推动公共服务、环境卫生、市政公用、产业培育等设施提质增效。支持在县城周边和重点镇等人口集聚地区建设小微企业创业创新基地、科技孵化园区、标准厂房等，降低企业开办运营成本。

4.深入推进双向城镇化，加快实现城乡融合发展

促进城乡人口自由流动。推进户口、居民身份证办理"无纸化""免填单"，实现全省"通迁、通办"。以大学生、进城务工人员、退役军人、农业科技人才等为重点，鼓励返乡入乡人员创新创业。全面建立城市医生、教师、科技文化人员等定期服务乡村机制。

强化城乡建设要素支撑。依据城镇化和经济社会发展需要，合理布局城镇建设用地和基础设施建设用地，单列租赁住房用地供应计划。落实城镇建设用地增加规模与吸纳农业转移人口数量挂钩机制，有序推进城乡建设用地增减挂钩。完善县级基本财力转移

支付资金与常住人口挂钩机制，增加吸纳外来人口较多地区的转移支付。

激活城乡消费市场潜力。强化商业"圈、街、店、节、网"功能，配套完善消费设施，积极建设济南、青岛国际消费中心城市。开展国家完善废旧家电回收处理体系推动家电更新消费试点，加快冷链设施建设，完善县、乡、村电子商务体系和快递物流配送体系。

推动城乡产业协同发展。延长农业产业链条，发展各具特色的现代乡村富民产业。优化提升各类农业园区，创建一批国家现代农业产业园、产业强镇。把特色小镇作为城乡要素融合重要载体，打造集聚特色产业的创新创业生态圈，完善小城镇联结城乡的功能。加快推动国家、省级城乡融合发展试验区建设，打造城乡产业协同发展先行区。

（六）扩大更高水平对外开放

更好服务和融入新发展格局，必须坚持扩大内需与对外开放有机结合、货物贸易与服务贸易协同发展、引进来与走出去双向提升，加快构建更高水平开放型经济新体制，持续深化要素流动型开放，稳步拓展制度型开放，聚力打造对外开放新高地，推动实现市场相通、产业相融、创新相促、规则相联的良性双循环。

1. 建设高能级开放平台

做强自由贸易试验区、上合示范区开放平台龙头。落实自由贸易试验区提升战略，谋划实施自贸试验区升级版。开展制度集成创新行动，推动济青烟片区聚焦主导优势产业，围绕产业链开展系统性、集成性制度创新，提升全产业开放发展水平。复制推广自由贸易港、自由贸易试验区改革试点经验。坚持贸易先行、创新驱动，扩大与上合组织成员国大宗商品贸易规模，推动建设上合组织成员国特色农产品加工生产基地、优质产品进口集配中心。加快推动油气全产业链开放发展，打造面向东北亚和"一带一路"沿线国家的国际油气中心。健全"一单制"多式联运服务体系，提升上合示范区多式联运中心功能。争取我国与上合组织成员国相关协议成果、试点项目率先在上合示范区实施。

全面提升开发区、综合保税区开放发展水平。强化高质量发展和开放发展导向，将开发区打造成为外资外贸主阵地、高端产业主战场、新业态新模式发展主引擎。开展"双招双引"园区、新业态发展园区培育行动。积极建设省级以上生态工业园区、数字园区等特色园区。集聚资本、人才、技术等要素，支持开发区以区中园、园中园方式，培育建设一批国际合作园区，引进落地境外投资项

山东自贸试验区济南片区一隅 　　　　　　　　　图片来源：大众日报

目。推动建设境外并购回归产业园。推动综合保税区率先全面复制推广自由贸易试验区改革试点经验，探索更高水平贸易自由化便利化监管模式。支持综合保税区创新发展，形成高能级强辐射的贸易平台。

大力培育国际高端交流载体。积极服务国家总体外交大局和发展战略，建设具有世界水准、中国气派、山东风格的系列国际高端交流载体。聚焦跨国公司与中国合作，打造"国际化、机制化、品牌化"永久性国际论坛。提升儒商大会国际影响力。优化整合省内国家级展会，培育知名度高、影响力大的国际品牌展会。加强与国际知名会展集团合作，引办承办一批国际性展会。打造一批具有较强影响力的自主品牌展会，培育一批细分行业领域的创新型展会。举办 RCEP 区域进口博览会、中日韩产业博览会、日本进口博览会、韩国进口博览会，推动升级为以中日韩为主导的东亚地区机制性多双边经贸展会。

2. 促进外贸创新发展

推动进出口优进优出。提高出口质效，聚焦重点产业，扩大高端装备、新能源新材料、绿色化工等高新技术产品出口规模，打造外贸新增长极。大力发展数字化、智能化机电产品，增强机械设备、电子电器等产品出口竞争力。着力扩大进口，打造若干具有较强影响力的进口消费品展销平台，扩大关系民生的日用消费品、医药康复产品进口。稳步扩大能源资源型产品进口。培育一批省级进口贸易创新示范区，认定一批省级进口贸易"小巨人"企业。坚持"保原市场、拓新市场"，深入实施市场多元化战略。稳住美国市场，巩固欧盟市场，深度拓展 RCEP 市场，优化重点国别市场布局，推动能源资源、重要农产品进口来源地多元化。

大力发展新业态新模式。创新业态模式，叠加政策优势，推动多业态融合发展，培育外贸新动能。大力发展跨境电商，拓宽企业进入全球市场途径，让消费者更加便捷地享受来自世界各地的物美价廉商品。深挖市场采购贸易潜能，放大市场采购贸易方式试点政策红利。创新发展外贸综合服务企业，探索应用区块链技术，实现设计、生产、物流、营销、售后等全流程跟踪监管、资源共享。突破离岸贸易，培育一批标杆企业。做大转口贸易，推动企业开展全球揽货、中转分拨、进出口集拼等一站式业务。扩大保税维修规模，探索支持在综合保税区外开展高附加值的保税维修业务。支持建设易货贸易服务平台，探索小商品贸易与大宗商品贸易联动的新型易货贸易模式，拓展跨境人民币结算通道。

3. 更好"引进来""走出去"

提高利用外资质量。围绕新一代信息技术、智能装备、生物医药、新能源新材料等重点领域，制定出台用地、用能、排放等支持政策，扩大制造业利用外资规模。引导外资投向特色农业、智慧农业、农业精深加工等领域。完善利用外资区域布局。综合发挥省会经济圈特色产业优势，提升外向型水平。发挥胶东经济圈对外开放门户辐射作用，巩固利用外资领先优势。推动鲁南经济圈建设对外开放载体平台。鼓励引导外商投资中西部城市。强化区域开放联动，提升协同开放水平。聚焦"十强"产业，提升"选择山东"云平台精准招商功能，健全产业链招商图谱，精准招引行业龙头企业，吸引上下游企业聚集，推动强链、延链、补链、扩链。

提升对外投资合作水平。坚持"分类指导、梯次培育"，借鉴国内开发区和境外先进园区发展经验，集成用好优质要素资源，规划建设一批功能定位清晰、产业特色鲜明、管理运营先进、生态效应明显、带动效应突出合作区。加强境内外园区统筹协调，推动合作区与国内园区协同发展。巩固深化传统投资领域，积极参与境外信息基础设施、智慧基础设施建设和传统基础设施升级改造。稳定建筑、海员、餐饮、制造等传统对外劳务合作规模，扩大技能型、知识型高端劳务规模，形成多层次多领域外派劳务人员结构。

培育本土跨国公司。鼓励有实力的企业围绕市场、资源、技术、品牌等要素，以参股、控股或全资收购等方式开展跨国并购，提升产业链集成能力和资源整合能力。引导企业通过自创、收购、合资、合作等方式打造国际品牌和营销渠道，向价值链高端延伸。培育一批具有较强市场开拓能力、资源配置能力、技术创新能力和品牌运营能力的本土跨国公司。鼓励企业围绕完善产业链和融入双循环，境外并购回归建设地区总部和产业园。适时认定一批主导产业明确、辐射带动作用强的境外回归地区总部和产业园。

4. 加强对外经贸交流合作

深化与日韩区域经济合作。以汽车零部件、化学品等为重点，加大自日本中间产品进口和项目引进。扩大与韩国研发设计、产品维修、运营维护等生产性服务进出口。聚焦新一代信息技术、高端装备、现代海洋、高端化工等先进制造业和工业设计、金融服务、医养健康、影视动漫、物流等现代服务业，吸引日韩重点企业落户山东，打造日韩投资"首选地"。高水平建设威海中韩自贸区地方经济合作示范区。深化与日本、韩国政府相关机构和大企业、大商社合作机制，探索构建由政府、专业机构、商协会、企业组成的"四位一体"投资促进体系。

深度融入共建"一带一路"。深化与"一带一路"沿线国家的投资合作，打造一批具有影响力和带动力的标志性海外工程项目。提升万华宝思德工业园、中欧商贸物流园、中国苏丹农业合作开发区、齐鲁（柬埔寨）经济特区等境外园区建设水平。深化与中东国家在能源、石油炼化、石油装备、海洋运输和金融等领域合作，积极引导阿拉伯国家主权财富基金加大对山东投资力度。加强与非洲国家产能合作。推动"丝路电商"走深走实，拓展与"一带一路"沿线国家经贸合作新领域、新渠道。

创新拓展与欧美地方合作。提升青岛中德生态园等建设水平，引进工业4.0优质企业和中小企业"隐形冠军"。推进中德双向协同创新中心和海外孵化器建设，鼓励前沿技术和产业化项目导入。用好与中东欧合作平台交流机制，推动重点企业产能、投资、技术走出去。加强与美国企业、商协会的沟通对接，构建与美国地方交流合作长效机制。密切跟踪欧美跨国公司科技创新和产业布局，拓展利益契合点和优势互补点，加强与欧美高端产业合作。

推进与港澳台多领域合作。畅通资本、项目、技术、人才等产业要素互通渠道，深化与粤港澳大湾区经贸合作。完善鲁港经贸合作机制，加强鲁港在"一带一路"建设、金融、运输、物流、创新及科技等重点领域合作交流。深化山东与澳门中医药、旅游、经贸等领域合作。拓展鲁台产业合作新空间，促进文化、教育、科技、社会等领域交流交往。加强与港澳台经贸合作交流平台建设，高质量举办港澳山东周、鲁港经济合作洽谈会等精准招商引资活动。打造粤港澳大湾区"菜篮子"生产基地。

5. 打造市场化、法治化、国际化一流营商环境

着力提升贸易便利化水平。拓展国际贸易"单一窗口"功能，实现"关港贸税金"全链条运作。打造对外贸易线上综合服务平台。简化通关作业流程，提升通关整体效能。简化出口退税流程，加快出口退税进度。扩大出口信用保险覆盖面，优化承保和理赔条件。拓展"山东省稳外贸稳外资平台"服务功能，扩大企业覆盖面，体系化、机制化、精准化为企业纾困解难。加大口岸收费清理力度，依法查处涉口岸违规收费行为。

延伸阅读

山东省制定《营商环境创新 2022 年行动计划》

山东省研究制定《营商环境创新 2022 年行动计划》，聚焦激发市场主体活力、提升投资贸易便利、推动高质量发展，在 19 个领域推出了 166 项改革举措。深化市场准入负面清单管理，进一步优化企业开办流程，实现开办企业零成本一天办结。深化投资和建设项目审批制度改革，降低制度性交易成本。持续降低企业经营成本，在全面享受国家统一政策基础上，享受我省出台的地方性减负举措。积极对标国际先进地区，持续增强外商投资和外籍人才吸引力。落实好外商投资企业国民待遇，健全清除市场准入隐性壁垒长效机制。优化"山东省稳外贸稳外资服务平台"功能，"一企一策"解决问题。开展省级跨境电商主体培育工程，每个主体省财政最高给予 50 万元的支持。持续推动政务服务事项全流程网上办理，实现"进一张网，办全省事"，打造"24 小时不打烊"的网上政府。

资料来源：《大众日报》2022 年 3 月 12 日。

着力优化外商投资环境。落实准入前国民待遇加负面清单管理制度，破除清单之外隐性准入壁垒，严格落实"非禁即入"。健全完善集商事登记、货币结算、商事仲裁等跨境全流程服务体系。完善贯穿外资项目发展全过程、覆盖项目落地全要素，导向鲜明、省市联动、科学规范的政策体系。健全外商投资服务保障机制，加强重点外资企业联系服务。保障外资企业平等享受财税、信贷、保险等政策，平等参与政府采购、招投标、标准制定，促进内外资企业公平竞争。

（七）坚决守住守牢安全底线

统筹发展和安全是关乎新发展格局构建的重大问题。山东将强化红线意识、底线思维，坚决守好粮食安全、能源安全、产业链供应链安全、金融安全、安全生产、生态环境安全、食品药品安全、公共卫生安全、意识形态安全和网络安全、社会安全和社会稳定等"一排底线"，筑牢经济社会发展安全屏障。

切实扛起粮食安全政治责任。坚决落实重要农产品保障战略，完善粮食安全省长责任制和"菜篮子"市长负责制。落实最严格的耕地保护制度，严守耕地保护红线，粮食播种面积稳定在 1.2 亿亩以上，坚决遏制耕地"非农化"、防止耕地"非粮化"。加快农业灌溉体系现代化改造，推进高标准农田建设工程、耕地质量提升工程，真正实现旱涝保收、高产稳产。争创国家盐碱地综合利用技术创新中心，建设耐盐碱植物种质资源库，推动大豆、苜蓿、藜麦等栽培种植实现新突破。实施耕地保护性耕作技术，完善粮食主产区利益补偿机制，调动和保护农民种粮积极性，保障重要农产品供给安全。

强化能源供给保障。按照到 2035 年新能源和可再生能源、煤电、外电入鲁"三个 1/3"能源结构调整的要求，统筹能源生产和消费，构建清洁低碳、安全高效的现代能源体系。稳定省内能源生产，抓好煤炭清洁高效利用，稳步发展大型高效清洁煤电。持续加大胜利油田勘探开发，推动油气资源增储稳产，支持胜利油田碳捕集、利用与封存重点实验室建设。强化能源应急保障设施建设，在煤炭消费中心、铁路交通枢纽、主要中转港口布局一批省级煤炭储备基地，完善油气储运网络，推进沿海大型油气码头建设。

提升产业链供应链稳定性和竞争力。坚持自主可控、安全高效，做强 7 个国家级战略性新兴产业集群，培育 3-4 个国家级先进制造业集群，创建国家级制造业高质量发展示范区，夯实先进制造业强省根基。巩固数字经济新优势，打造先进计算、集成电路、新型智能终端、超高清视频等数字产业集群。着力推进产业

华能山东半岛南 4 号海上风电项目　　　　　　　　图片来源：大众网

基础高级化，开展产业基础能力评估，精准掌握产业短板、链条断点，实施产业基础再造工程。着力推动产业链现代化，深入实施"链长制"，狠抓建链延链补链强链，塑造一批战略性全局性产业链。谋划推进空天信息、深海极地、生命科学、人工智能等未来产业。推进重要产品、关键技术、供应渠道备份系统建设，防范化解产业链外迁风险。

守牢金融安全底线。建好用好"金安工程"，加强金融运行监测和重点领域风险研判分析，健全金融风险预防预警体系。积极稳妥处置重点企业流动性风险，稳步推进担保圈破圈断链，加快高风险地方法人金融机构风险化解，加大金融机构不良资产处置力度。严控互联网金融、房地产、保险、私募基金等领域风险。有效治理恶意拖欠账款和逃废债行为。支持推动解决"执行难"问题。有序化解政府隐性债务风险，分类推进融资平台市场化转型。健全投资者适当性制度，加强金融消费者权益保护。

提高安全生产水平。持续深化安全生产专项整治三年行动，抓好城镇燃气安全排查整治、危险化学品风险集中治理，开展海上运输专项检查和集中整治，加强"两客一危一大"等重点交通工具动态监控，强化安全总监、有奖举报、专项督导、驻点监督等制度落实，坚决防范和遏制重特大事故发生。推广"工业互联网＋安全生产"等模式，大力发展"5G＋智慧矿山"，推动各类矿山智能化绿色化转型。实施公共安全提升行动，加快省级救灾物资中心库等重点项目建设，构建"全灾种、大应急"救援体系。推进韧性城市建设，统筹做好防震减灾、防汛抗旱、极端天气应对等工作。

深入打好污染防治攻坚战。实施精准治污、科学治污、依法治污，深入开展新一轮"四减四增"三年行动，纵深推进蓝天、碧水、净土保卫战。推动区域污染物减排和生态扩容，增加优质生态环境产品供给。全面实行排污许可制，加快推进排污权市场化交易。抓好第二轮中央生态环境保护督察发现问题整改工作，开展省级点穴式专项督察，健全生态警长机制。防范化解生态环境重大风险隐患，坚决杜绝影响公共安全的重特大突发环境事件发生。

加强食品药品全过程安全监管。以食品、药品、疫苗安全为重点，构建全域覆盖、全链贯通、全面协同的监管机制，努力提升食品药品安全保障水平。实施食品安全放心工程建设攻坚行动，确保广大人民群众"舌尖上的安全"，建设更高水平的"食安山东"。深化药审制度改革，建设食品药品医疗器械创新和监管服务平台。实施食药安全智慧监管工程，整合完善覆盖全省的许可审批、抽检监测、日常监管、稽查执法、产品追溯等在线监管平台，加强食药领域违法违规惩处力度。

构建强大公共卫生体系。坚持以基层为重点，预防为主、防治结合、中西医并重，完善突发公共卫生事件监测预警和应急处置机制，构建平急结合、科学高效、功能完善的公共卫生体系。改革疾病预防控制体系，全面建成专业化、现代化的三级疾病预防控制网络。推进临床专科能力"攀登计划"，争创国家区域医疗中心。强化基层公共卫生体系，县级综合医院全部达到三级医院水平，加强公共卫生人才队伍建设。加快建设国家中医药综合改革示范区。坚持"外防输入、内防反弹"，坚持人物同防、人物同查、人物环境同检，加强监测预警、排查随访、入境管理，严守疫情输入蔓延。

强化意识形态和网络安全。深入开展反邪教、反恐怖斗争，严密防范和严厉打击敌对势力渗透、破坏、颠覆、分裂活动。全面加强网络安全保障体系建设，强化监测预警、应急演练、灾难备份和数据防护，维护网络、信息和数据安全，提升网络安全整体防护能力。深入实施网络社会治理能力建设工程、护网工程，提升维护政治安全、社会稳定和依法打击涉网犯罪能力。

突出抓好社会稳定。坚持和发展新时代"枫桥经验"，完善网格化管理服务体系，有效发挥社会组织作用。铸牢中华民族共同体意识，依法管理民族宗教事务。畅通规范群众诉求表达、利益协调、权益保障渠道，深化信访积案和突出问题化解攻坚。积极稳妥赋权镇街实施行政执法事项。开展根治欠薪专项行动，整治工程建设领域市场秩序，切实维护农民工合法权益。常态化开展扫黑除恶斗争，严厉打击电信网络诈骗等违法犯罪活动，全力维护社会大局持续稳定。

第三章

在增强经济社会发展创新力上走在前

习近平总书记强调，"惟创新者进，惟创新者强，惟创新者胜"。创新是引领发展的第一动力，必须摆在国家发展全局的核心位置。实现"在增强经济社会发展创新力上走在前"的目标要求，必须深刻理解经济社会发展创新力的丰富内涵和实践作用，准确把握山东经济社会发展创新力的基础优势，找准突破口，系统谋划提升路径，为山东经济社会高质量发展提供不竭动力。

一 经济社会发展创新是全方位的创新

创新作为经济社会发展主引擎，已经成为全球主要国家和地区发展的重要战略举措。经济社会发展创新力则是衡量一个国家、一个地区经济社会发展水平的核心指标。推动新时代社会主义现代化强省建设，必须全面、系统、深入地理解把握经济社会发展创新力的丰富内涵。

（一）创新是引领发展的第一动力

从理论上说，创新就是生产力。马克思主义认为，生产力的发展是人类社会发展的最终决定力量。马克思指出："生产力中也包括科学。"邓小平结合中国改革开放实践，提出了"科学技术是第一生产力"的重要论断。进入新时代，习近平总书记明确指出："创新就是生产力，企业赖之以强，国家赖之以盛"，"创新决胜未来"。这些重要论述赋予了马克思主义生产力理论新的内涵，深刻揭示了推动科学技术进步的源动力在于创新，成为我国经济社会发展动力转换的理论指南，为世界各国探寻新的增长动能和发展路径提供了中国思路。

从实践上看，创新是国家兴旺发达的动力之源。纵观世界历史演进历程，民族兴衰、大国崛起，创新都是源动力，创新都是决定性因素。18世纪以来，英国、美国凭借三次科技革命的先发优势先后成为世界强国。新中国成立后，特别是改革开放以来，中国共

我国成功实施运载火箭首次海上商业发射　　　　　图片来源：齐鲁壹点

产党从历史的经验教训中深刻认识到创新对于实现中华民族伟大复兴的关键作用，高度重视创新，不断推动创新能力提升。党的十八大以来，习近平总书记在多个场合反复强调，创新是引领发展的第一动力。抓创新就是抓发展，谋创新就是谋未来。创新引领和驱动发展已经成为我国迈向高质量发展、在综合国力竞争中赢得主动的迫切要求，也是我们应对复杂多变的国际形势和严峻风险挑战的关键。作为一个国家和民族发展进步的源头活水，只有坚持创新、持续增强创新力，才能占得先机、取得优势、赢得未来。

从策略上讲，经济增长动力亟须从要素驱动、投资驱动向创新驱动转换。随着我国经济发展进入新常态，面对人口红利消退、劳动力成本上升、资源环境压力增大、贸易保护主义抬头等一系列国内外问题与挑战，要素驱动和投资驱动的传统动能陷入发展"瓶颈"，越来越难以满足我国高质量发展的内在需求，亟须培育壮大新动能。习近平总书记指出："发展动力决定发展速度、效能、可持续性。对我国这么大体量的经济体来讲，如果动力问题解决不好，要实现经济持续健康发展和'两个翻番'是难以做到的。""坚持创新发展，是我们分析近代以来世界发展历程特别是总结我国改革开放成功实践得出的结论，是我们应对发展环境变化、增强发展动力、把握发展主动权，更好引领新常态的根本之策。" 这些重要论述表明，在新常态背景下，中国经济必须从要素驱动、投资驱动转向创新驱动，坚持走中国特色自主创新道路、实施创新驱动发展战略，形成我国经济社会发展新动能。

（二）新发展理念的核心在创新

创新在新发展理念中居首位。创新、协调、绿色、开放、共享构成了一个系统的理论体系，回答了关于发展的目的、动力、方式、路径等一系列理论和实践问题。习近平总书记指出："创新发展注重的是解决发展动力问题。""协调发展、绿色发展、开放发展、共享发展都有利于增强发展动力，但核心在创新。抓住了创新，就抓住了牵动经济社会发展全局的'牛鼻子'。" 创新不仅是协调发展、绿色发展、开放发展、共享发展的根本驱动力，对于国家和民族前途命运也具有重大影响。面对百年未有之大变局，只有坚持创新在国家发展全局的核心地位，把创新驱动作为经济社会高质量发展的根本动力，中国才能在危机中育先机、于变局中开新局，更好实现全面建成社会主义现代化强国的第二个百年奋斗目标。

创新是破解发展"阿喀琉斯之踵"的关键。党的十八大以来，习近平总书记为我国经济社会发展把脉定向，提出："虽然我国经济总量跃居世界第二，但大而不强、臃肿虚胖体弱问题相当突出，主要体现在创新能力不强，这是我国这个经济大块头的'阿喀琉斯之踵'"，"通过创新引领和驱动发展已经成为我国发展的迫切要求"。 这些重要论述表明，创新能力不足是制约我国经济社会高质量发展的突出问题，创新是从发展动能源头上解决现实问题、赢得未来发展的决定性因素。

（三）经济社会发展创新是系统性工程

创新涉及经济社会各个领域。习近平总书记指出："创新是一个复杂的社会系统工程，涉及经济社会各个领域。" 创新往往始于一个方面、一个领域的改造或发明，但却不仅仅止于对某一方面、某一领域的改革突破，还包括能够引发经济社会各个领域发展变革的一系列创造性探索。一个看似独立的创新会通过成果转化、推广、应用等过程，在生产、分配、交换、消费等环节中渗透到经济社会发展的方方面面，产生创新的扩大效应，实现"1+1>2"的效果。这些创新及其有机组合在经济社会中的渗透、扩散、联系和协同就构成了整体经济社会发展创新力。因此，必须坚持系统思维，把握创新的整体性、统一性，发挥系统合力，不断增强经济社会发展创新力。

创新呈现出多元化融合化趋势。当今世界，经济社会发展越来越依赖于理论、制度、科技、文化等领域的创新，创新的内容、主体、形态更加多样化，组织更加融合化。创新内容从单一的科技创新扩展到涵盖理论创新、实践创新、制度创新、科技创新、文化创新以及其他方面创新的全面创新。创新主体更为丰富，主要包含政府（创新的政策主体）、企业（创新的核心主体）、科研院所（创新的知识源泉）、行业协会（创新的服务桥梁）、个人（创新的最小单元）等。创新形态不仅围绕产品生命周期形成了设计创新、产品创新、工艺创新、组织创新和营销创新，还越来越凸显全社会的新理念、新业态、新模式。经济社会发展创新力不仅仅局限于科技进步和技术产品方面的创新，而是以科技创新为核心，涵括经济、政治、文化、社会、生态等多领域的创新合力。

人才是经济社会发展创新的根基。功以才成，业由才广。

习近平总书记指出："人才是创新的根基，是创新的核心要素"，"创新驱动本质上是人才驱动"。人才的创新行为可以推动科技进步、促进产业发展，甚至影响和改变世界。改革开放以来，我国对人才工作的重视程度不断加强。在新一轮人才竞争中，我国将紧跟全球发展趋势、对标世界一流水平、立足国内发展需求，引育、汇聚天下英才，持续扎牢创新的"根"。

科技创新是经济社会发展创新的核心动力。科技创新在所有创新中具有基础性、战略性和推动性作用，是提高社会生产力和综合国力的战略支撑。习近平总书记强调："坚持创新发展，既要坚持全面系统的观点，又要抓住关键，以重要领域和关键环节的突破带动全局。""当今世界，科技创新已经成为提高综合国力的关键

18英寸硅单晶及部件全国首次成功投产　　　图片来源：齐鲁壹点

支撑，成为社会生产方式和生活方式变革进步的强大引领，谁牵住了科技创新这个'牛鼻子'，谁走好了科技创新这步先手棋，谁就能占领先机、赢得优势。"党的十八大以来，党中央坚持创新在我国现代化建设全局中的核心地位，把科技创新摆在更加突出和重要的位置。当前，以5G网络、人工智能、大数据、量子技术为代表的一大批重大科技创新成果深刻影响和改变着世界发展格局，也成为我国在新一轮科技革命和产业变革中由跟跑并跑向领跑转变的核心支撑力量。

（四）坚持自主创新和开放创新的辩证统一

坚持自主创新的核心地位。自主创新是支撑一个国家崛起的筋骨。关键核心技术，特别是涉及国家安全、决定企业兴衰的技术，是要不来、买不来、讨不来的，只有依靠自主创新才能突破受制于人的枷锁。习近平总书记指出："我们现在遇到了一个百年未有之大变局，这种情况下我们要走自力更生的道路，就是自主创新的自力更生。"坚持走自主创新道路，要根植于国情，发挥好新型举国体制优势，科学统筹政府、市场与社会力量，正确引导创新资源配置，充分激发创新主体活力，有效推动重大科技攻关，以自主创新谋求持续发展。

利用全球资源加快开放创新。创新是一个开放的系统，需要国内国际两种资源、两个市场协调配合。习近平总书记指出："我们强调自主创新，绝不是要关起门来搞创新。在经济全球化深入发展的大背景下，创新资源在世界范围内加快流动，各国经济科技联系更加紧密，任何一个国家都不可能孤立依靠自己力量解决所有创新难题。" 要在全球范围持续拓展创新的广度和深度，必须在合作平台建设、制度化合作机制建设、技术衔接与互认、关键人才培养等重点领域重点发力，利用好全球资源提升我国经济社会发展创新力。

形成自主创新与开放创新相结合的可持续创新力。自主创新与开放创新是对立统一的一组矛盾关系，要在矛盾中寻求统一，需重点处理好"内功"与"外力"、竞争与合作两组关系。自主创新强调练好"内功"，开放创新侧重用好"外力"。自主创新和开放创新之间存在竞合关系，对前者而言，既要自力更生突破国外技术封锁，又要走向世界增强国际竞争力；对后者而言，既要扩大开放寻求国际合作，又要利用好全球资源推动自主创新。只有不断增强创新自信，始终把自主创新作为立足点，把开放创新作为借力点，才能形成"内外结合、相得益彰"的可持续创新合力。

二 增强经济社会发展创新力是强省建设的"牛鼻子"

有了强大的经济社会发展创新力，服务和融入新发展格局就有了充沛动力和活力，推动黄河流域生态保护和高质量发展就有了坚实基础和支撑。抓住了经济社会发展创新力，就抓住了新时代社会主义现代化强省建设的"牛鼻子"。

（一）促进经济社会发展的关键所在

促进经济社会革故鼎新。从原始狩猎社会到农耕社会、工业社会，再到信息社会，人类文明演进都离不开创新。创新是影响现代经济增长的核心要素，在现代经济社会中的地位和作用越来越重要。"我国经济社会发展比过去任何时候都更加需要科学技术解决方案，更加需要增强创新这个第一动力。"党的十八大提出创新驱动发展战略，就是要推动以科技创新为核心的全面创新。技术创新能够显著推动经济可持续发展，不断催生形成新的增长动力源，实现经济社会发展的可持续螺旋上升。

优化区域经济社会布局。创新能够优化生产力布局，实现人口、资本、工资、利润、地租等各种生产要素新的空间分布和组合，引起生产生活的创造性转变。从世界范围来看，创新关乎国家命运，影响民族兴衰。当今世界，创新已经成为提高综合国力的关键支撑，是加快转变经济发展方式、破解经济发展深层次矛盾和问题的必然选择。谁牵住了创新这个"牛鼻子"，谁就能在这个世界百年未有之大变局中觅得先机，谁就能于变局中开新局。

推进社会文明进步。创新是人类文明进步的源泉，人类文明的进步无时无刻不与创新紧密结合。党的十九届六中全会明确指出："创新是一个国家、一个民族发展进步的不竭动力。越是伟大的事业，越充满艰难险阻，越需要艰苦奋斗，越需要开拓创新。"纵观人类文明发展史，每一次重大创新，都会引起生产力的深刻变革，带来人类社会的巨大进步，开创人类文明的新纪元。高水平社会文明更需要通过坚持不懈的创新来实现，科技创新等指标已成为衡量社会文明进步的关键指标。创新已成为中华民族最鲜明的文化禀赋，是推动中华文明不断进步的根本动力，是实现中华民族伟大复兴的必由之路。

延伸阅读

《2021 年全球创新指数报告》发布

2021 年 9 月，世界知识产权组织（WIPO）发布《2021 年全球创新指数报告》。中国列第 12 位，较 2020 年上升 2 位。《报告》高度评价中国在创新方面取得的进步，并强调了政府决策和激励措施对于促进创新的重要性。中国自 2013 年起，全球创新指数排名连续 9 年稳步上升，上升势头强劲，位居中等收入经济体首位。

WIPO 自 2007 年开始发布全球创新指数，已经成为国际上关于创新和知识产权水平的权威报告，具有较强的客观性，受到国际社会高度关注。《报告》从创新投入、创新产出两个方面，通过政策环境、人力资本与研究、基础设施、市场成熟度、商业成熟度、知识与技术产出、创意产出等七大类 81 项指标，对全球 132 个经济体的综合创新能力进行系统衡量。

资料来源：《人民日报·海外版》2021 年 9 月 21 日。

（二）重塑高质量发展新优势的动力之源

推动质量变革。创新有利于全面提高国民经济发展的要素质量、产业质量、产品质量、服务质量，能够显著增强经济发展综合质量优势。创新有利于激发社会活力和内生动力，提高社会凝聚力，发挥核心价值观的引领作用，不断提升社会治理现代化水平。创新有利于加快推进文化改革，逐步形成科学合理的文化生产、经营、服务、管理体制和健康有序的文化市场体系，开创文化强省建设的新动能、新局面、新优势。创新有利于加速生态文明体系建设，推动产业绿色化和绿色产业化发展，促进人与自然和谐共生。

推动效率变革。创新有利于提高劳动力的要素市场化配置水平，不断提升劳动力市场参与的主体化水平，改善人才培养结构，更新知识体系，适应市场需求，完善人才配套服务机制等，进而激活各类要素活力。创新将进一步提高土地要素配置效率，实现节约集约用地。创新有利于提高能源资源利用效率，推进资源总量管理、科学配置、全面节约、循环利用。创新将加快高质量科技成果转化，提高科技资源配置效率。创新有利于培育数据要素市场，使数据要素成为效率变革"倍增器"。

推动动力变革。创新有利于改变传统的规模化粗放发展方式，转而实现高质量集约化发展。创新将加快要素替代，促进知识、技术、信息、数据等要素合理流动、有效集聚，实现价值最大化。创新将加快实现以规模为特征的简单劳动力配置向以质量为导向的人力资本高效配置的转化，技术应用效率的提升还可以有效解决人力资本错配问题，进而促进全要素生产率的提高。创新将推动资源依赖型经济向技术促进型经济转变，有效实现新旧动能转换。创新将助力打造多主体协同、多要素联动、多领域互动的科技发展生态，进一步实现协同创新。

济钢集团争创"城市钢厂转型和山东省新旧动能转换的标杆"探索与实践

习近平总书记指出，坚持党的领导、加强党的建设，是国有企业的"根"和"魂"，是国有企业的独特优势。山钢集团济钢集团有限公司是一家拥有62年历史的老牌国企，年产钢最高时曾达1200多万吨，跻身全国十大钢铁企业行列，曾是全国最大的中厚板生产基地。

2017年6月29日，为落实中央供给侧结构性改革、推动山东省钢铁产业优化布局转型升级、适应济南市省会城市功能定位的重大部署，济钢集团在短短33天，安全有序关停650万吨钢铁产能、平稳分流近2万名职工，创造了国内钢铁行业关停规模最大、安置人数最多、安置期最短纪录。

济钢环保新材料科技园全景

"去产能不是去企业，加快新旧动能转换是关键。"济钢集团党委全面落实上级党组织各项决策部署，以"多元主打、培育发展新兴产业"为战略目标，瞄准"四新"，梳理形成了十大转型发展项目，开启了转型发展新征程。经过3年探索、规划、发展同步推进，"高端装备制造、新材料、现代城市服务"成为济钢集团新三大主业，走出了一条城市钢厂绿色转型发展新路子。

（三）提升区域综合竞争力的必由之路

进一步提升社会主义民主建设水平。习近平总书记指出，我们走的是一条中国特色社会主义政治发展道路，人民民主是一种全过程的民主。全过程人民民主是人民民主在新时代的创新表达，创新性提出了以增进人民福祉为目的，遵循发展为了人民、发展依靠人民和发展成果由人民共享的原则。创新为更好满足人民日益增长的美好生活需要提供内生动力，为全力建设更高水平的平安山东、法治山东提供坚强支撑。

进一步推动现代化经济体系建设。习近平总书记在党的十九大报告中指出："创新是引领发展的第一动力，是建设现代化经济体系的战略支撑。"创新将提高各种产品和服务的技术含量和性能，带动并提升全要素对经济发展的贡献率。创新将加快改善实体经济综合发展能力，有效提升供需两侧的结构性均衡能力，促进实现供需动态平衡。创新将提高整个国民经济发展质量，不断改善国民经济发展的质量水平和结构水平。

进一步推动文化强省建设。《中共中央关于党的百年奋斗重大成就和历史经验的决议》指出："我们实施中华优秀传统文化传承发展工程，推动中华优秀传统文化创造性转化、创新性发展。"创新是文化建设和发展的本质特征和基本规律，是推动文化繁荣发展，提高文化软实力的不竭动力。当前，人民群众精神文化需求呈现多方面、多层次、多样性等新特点，创新能够强化和扩大中华优秀传统文化的承载功能，推动中国特色社会主义文化事业不断繁荣发展。

进一步推动社会治理现代化。党的十九届四中全会提出："坚持和完善共建共治共享的社会治理制度，保持社会稳定、维护国家安全。"通过持续不断创新社会治理，充分调动社会各方力量，明确不同社会治理主体的角色定位和职能职责，实现"共建"；健全党组织领导的自治、法治、德治相结合的城乡基层治理体系，实现社会治理的社会化、法治化、智能化、专业化"共治"；坚持以人民为中心的发展思想，实现社会治理成果"共享"。

进一步推动生态文明建设和绿色发展。习近平总书记强调，要坚持绿水青山就是金山银山的理念，坚定不移走生态优先、绿色发展之路。创新是破解绿色发展难题的必由之路，能够激发和提高公众参与积极性，使每个人都成为生态文明建设的践行者、推动者，形成推进生态文明建设的强大合力，构建人与自然和谐发展的新格局。创新能够增强工作合力，从体制上破除"碎片化"管理，构建一体化生态系统综合监管机制。

延伸阅读

山东工业互联网何以"领跑"全国

在多项和"工业互联网"有关的排名和评估中，山东均榜上有名——工业和信息化部对15家跨行业跨领域工业互联网平台开展的发展成效评估结果通报显示，2021年，卡奥斯工业互联网平台位居首位，实现连续第三年领跑，浪潮云洲跃居至全国第六（较2020年提升两个位次）；在工业和信息化部组织评选的2021年工业互联网平台创新领航应用案例中，山东省有济南二机床、青岛双星等23家工业互联网应用企业入选，数量居全国首位。

省级层面提出"大力发展工业互联网，争创国家工业互联网发展示范区"，济南出台《济南市工业互联网创新发展行动计划（2020-2022年）》，青岛提出"打造世界工业互联网之都"……近年来，山东积极抢抓工业互联网发展机遇，率先做大做强；山东省2022年工作动员大会提出"加力突破工业互联网"，山东正努力将工业互联网领域的"先发优势"持续转化为"领跑优势"。

资料来源：齐鲁网，2022年2月20日。

（四）推动经济社会持续健康发展的必然要求

破除生态约束。当前，资源环境问题对我国经济社会发展的制约越来越明显。习近平总书记强调，生态文明建设是关系中华民族永续发展的根本大计。生态兴则文明兴，生态衰则文明衰。创新能够在"开源"和"节流"两方面助力破除生态约束，更好构筑和谐人地关系。"开源"就是做生态发展的"加法"，以破解资源环境约束为出发点，以创新技术提高资源利用效率。"节流"就是做生态发展的"减法"，提高全社会生态环保意识，构建绿色低碳社会。

整合要素资源。创新是全方位的创新，涵盖诸多领域，更加需要科学统筹、系统开展。习近平总书记强调，要把改革的着力点放到加强系统集成、协同高效上来。当前，跨界融合发展是常态，忽视要素资源整合，将极大地限制发展潜力。要注重系统的整体性和要素与要素间的协同性，将系统性的创新思维和方法运用到要素资源协同整合上来。通过协同创新，实现区域空间资源整合，实现线上线下资源整合，实现跨界资源融合，释放可持续生产力。

为长期发展提供必要人才支撑。千秋基业，人才为本，人才创新成为经济发展的内在需要。当代世界人口老龄化问题愈加凸显，创新性人才不足是制约可持续发展的关键因素。党的十九届六中全会强调，"深入实施新时代人才强国战略，加快建设世界重要人才中心和创新高地，聚天下英才而用之"，应注重引育创新型人才和创新性引育人才。一方面，要培养引进一大批熟悉市场运作、具备科技背景的创新创业人才，培养造就一大批青年科技人才；另一方面，应注重人才梯队、研究领域、研究规模等统筹兼顾式培养体系，创新构建产学研用结合的协同育人平台。

三 山东增强经济社会发展创新力的比较优势

山东拥有得天独厚的优势，这既是党中央对山东寄予战略重托的重要原因，也是山东继往开来走在前的底气和信心所在。充沛的人力资源、丰富的科教资源、齐全的产业门类、高水平的对外开放、深厚的文化底蕴等奠定了山东"在增强经济社会发展创新力上走在前"的坚实基础。新征程上，山东必须以创新驱动为抓手，将创新贯穿到经济社会发展全过程，凝聚建设新时代社会主义现代化强省的奋进力量。

（一）巨量人口是创新的重要源泉

充沛的人力资源为经济社会发展创新提供源源不断的动力。第七次人口普查数据显示，山东省总人口10152.7万人，仅次于广东，居全国第二位。与2010年（第六次人口普查数据）的9579.3万人相比，10年共增加573.4万人，年平均增长率为0.58%。10年来山东人口增量位列全国第四，保持平稳增长态势。劳动力人口资源充裕，有6124万劳动适龄人口，位列全国第二。16个地级市中，人口超过1000万人的有两个，分别是临沂市和青岛市。丰富的人力资源储备，统一高效的劳动力市场，加上不断完善的创新创业政策，激发了人们干事创业的热情，为经济发展提供了强大动力。

巨大的市场消费为经济社会发展创新提供超大需求潜力。市场规模和结构对经济发展产生巨大需求，作为全国唯一一个常住人口、户籍人口双过亿省份，山东拥有庞大的市场规模和巨大的消费潜力。伴随着恩格尔系数降低和生活需求水平的提高，居民家庭对"吃""穿""用""娱"等新需求迫切需要推动消费扩容提质。"十三五"时期，山东积极推进新型城镇化建设，"以人为核心"的人口市民化有序推进，常住人口城镇化率从57.01%提升到 63.05%，年均增长 1.2 个百分点，约有 600 万人从农村走向城镇。在拓展城市空间的同时，带动了规模巨大的消费市场。

改善公共服务为经济社会发展创新创造新需求。与人民对美好生活的期望相比，山东公共产品供给不充分、不公平的状况还比较突出。"学有所教""住有所居""病有所医""老有所养"等方面还存在一定短板，尚未实现教育、医疗、养老、住房等基本公共服务均等化。而补齐这些短板，解决这些问题，意味着经济增长的巨大空间。从投资看，5G、大数据、人工智能、云计算、物联网、区块链等新一代信息技术的产业化，以及通信网络、数据中心、智能终端设备、数字经济园等配套设施建设，将带动大量投资；交通、水利等重大项目的建设发挥着体量大、投资大的优势，成为拉动经济增长的强劲动能。从消费看，文化娱乐、旅游、体育、健康、养老、家政、交通通信、教育培训等将带动更大内需释放。

（二）丰富的科教资源是创新的重要支撑

山东高度重视科技创新工作，把科技创新作为推动经济社会高质量发展的重要支撑，出台了关于深化科技改革攻坚若干措施，加快建设高水平创新型省份。"十三五"期间，山东科技创新能力提升明显。2021 年，全省高新技术产业产值占规模以上工业总产值的比重达到 46.8%，比 2015 年提高 14.3 个百分点；全省高新技术企业突破 2 万家，是 2015 年的 5 倍。山东区域创新能力位居全国第 6 位，青岛、济南分别跻身全国创新型城市第 10 位和第 14 位。

取得了一批重大科研成果。在人工智能、新一代信息技术、生物技术、新材料、新能源等领域储备了一批前瞻性原创技术。海洋、农业等领域科技创新能力达到全国乃至国际领先水平。时速600 公里高速磁浮试验样车在青岛下线，标志着我国在高速磁浮技术领域实现重大突破；"济麦 44"亩产 766.62 公斤，创全国超强筋小麦单产纪录；"测量器件无关量子密钥分发"理论和实用化高效率双场量子密钥分发协议研究取得重大进展；"蓝鲸 2 号"半潜式钻井平台、潍柴商业化柴油机热效率突破 51.09% 等一批关键技术成果，闪耀世界舞台。

形成一批科技创新平台载体。截至 2021 年年底，有青岛海洋科学与技术试点国家实验室 1 个，国家重点实验室 20 个，山东省重点实验室 239 个。有国家级技术创新中心 1 家，省级技术创新中心 60 家。山东产业技术研究院、山东高等技术研究院、山东能源研究院三大院相继挂牌成立。30 家创新创业共同体建设加快推进，

位于山东潍坊的潍柴集团总装车间，工人在流水线上装配发动机。

图片来源：新华网

初步构建了"1+30+N"的"政产学研金服用"创新创业共同体体系。科技强企方阵初具规模，全省拥有省级以上科技企业孵化器225家，省级以上众创空间419家，其中国家级科技企业孵化器98家，国家级众创空间242家，分别居全国第3位、第2位。全省科技企业孵化器、众创空间在孵企业超过2.5万家。

具备实力雄厚的教育资源。山东是教育大省，现有高等院校164所，其中国家"双一流"建设高校3所，国家一流专业点213个、一流本科课程204门，博士学位授权点191个、硕士学位授权点978个，数量均居全国前列。在"2021软科世界大学学术排名"中，山东共有13所高校上榜，数量居全国第4位。推进产学研深度融合，实施"百校三个一"工程，推动省属高校与546个科研院所、224个产业园区、786个重点企业或链主企业、506个行业协会结对，打造科教产融合联盟，校企合作为创新发展提供新引擎。

构筑起全方位、全周期、全类别人才高地。人才是第一资源，创新是第一动力。党的十八大以来，山东加快建设人才强省，构建更具吸引力和竞争力的人才制度体系，营造识才爱才敬才用才的良好环境，实施"人才兴鲁"战略，相继出台了"人才改革22条""人才支撑新旧动能转换20条""人才兴鲁32条"等制度创新成果，构建人才发展支撑体系。山东人才资源总量位居全国第三，截至2021年年底，住鲁两院院士和海外学术机构院士达到111位，高技能人才达350万人。2017年至2021年，来鲁留鲁高校毕业生311万人，年均增幅达11.65%，人才净流入态势持续增强。

延伸阅读

发挥科技创新的"幂数效应"

科技创新关乎高质量发展全局，山东要实现由大到强的战略性转变，最重要的是用好科技创新这个"关键变量""第一动力"。山东把"以更大力度激发科技创新活力"作为十大重点工作任务之首。自 2020 年起，每年设立规模不低于 120 亿元的"省级科技创新发展资金"，集中投向重大关键共性技术攻关、重大原始创新、重大技术创新引导及产业化和重大创新平台项目等四大重点创新领域。聚焦 2021 年 4 月举办的山东省科技创新大会，其中授奖的 31 项一等奖成果中，既有打破国外技术垄断封锁，形成了具有完全自主知识产权的特色产业集群；也有面向山东产业转型升级，取得重大突破的一系列关键核心技术，多项成果达到国内外领先水平，彰显了山东科技创新的"硬核"实力。其中，烟台的万华集团，打破了国外对我国长达 70 年的技术封锁，建成了世界上品种最齐全、产业链最完整、具有完全自主知识产权的 ADI 特色产业集群，产品市场份额位居国内第一位、全球第二位。为海洋工程加道"安全锁"的中国工程院院士、中国海洋大学副校长李华军，获颁 2020 年度山东省科学技术最高奖。由他牵头的海工装备基础科学中心，成为我国海洋工程领域首个基础科学中心。

资料来源：大众网，2021 年 12 月 13 日。

（三）门类齐全的产业是创新的体系保障

雄厚的经济实力为经济社会创新提供了强大后盾。山东经济保持中高速增长，2021年实现生产总值83095亿元，比上年增长8.3%，居全国第3位。第一产业增加值6029亿元，增长7.5%；第二产业增加值33187亿元，增长7.2%；第三产业增加值43879亿元，增长7.2%。早在2016年，山东第三产业占比就超过第二产业，产业结构实现了由"二三一"向"三二一"的转变，以服务业为主的产业结构日益优化。2021年，山东三次产业结构已调整为7.3：39.9：52.8。三次产业发展相对均衡，无论是三次产业之间还是产业内部，都没有明显的短板。

完整产业体系和齐备配套能力为经济社会创新提供了体系保障。山东工业门类齐全，规模以上工业企业数量超过3万家，是全国唯一41个工业大类都具备的省份，207个工业中类有197个，666个小类有526个，是全国工业门类最为齐全、基础最为雄厚、结构最为完善、配套最为完备的省份之一。同时，山东积极推进一二三产业之间、产业内部、不同行业之间的融合整合，培育挖掘了新的增长点，实现了动能倍增。

新旧动能转换为经济社会发展创新力注入强大动力。山东发挥制造业优势，聚焦关键领域，加快培育"十强"产业，加大产业建链、延链、补链、强链力度，培育一批链主型企业，带动相关配套企业，打造一批先进制造业基地，培育优良的产业生态。新产业以传统产业为支撑快速发展，传统产业借助新技术得以蜕变重生，共同推动山东经济高质量发展。2019与2020年度山东分别选出了60

家、45 家"十强"产业集群领军企业进行重点培育。这些集群内产业链条相对完整，龙头、骨干企业与配套企业形成相互联结共生体，并且拥有省级以上科技创新平台，科技研发经费占销售收入不低于 3%，产业集群领军企业都拥有省级以上品牌。2021 年"四新"经济投资占比 51.2%，105 个雁阵形产业集群规模突破 5.7 万亿元，智能家电、轨道交通装备入围国家先进制造业集群，高端医疗器械等 4 个产业集群纳入国家创新型产业集群试点。截至 2021 年年底，山东市场主体规模已经突破 1330 万户，企业创新主体力量不断壮大。

（四）高水平对外开放是创新催化剂

改革开放 40 多年来，我国打开国门，不断扩大开放，伴随着社会主义市场经济体制的建立与逐步完善，走出了一条以扩大开放倒逼改革、以深化改革促进扩大开放的路子。与此同时，我国从参与经济全球化到深度融入经济全球化，开放水平不断提升、开放范围不断扩大、开放程度不断深化，在扩大开放的进程中释放了改革发展的强大动力。

对外开放高地持续打造，开放水平持续提升。开放倒逼改革、成就改革，渐进式推动了市场化改革。山东努力利用两个市场、两种资源，积极参与国际分工，主动融入世界经济体系。2021 年，山东进出口额达到 2.93 万亿元，自 2016 年以来，连续 6 年刷新历史纪录。其中，出口 17582.7 亿元，比 2020 年增长 34.8%；进口 11721.4 亿元，增长 29.0%。外贸出口结构中，机电产品、劳动密集型产品、农产品等传统优势产业对山东外贸出口起到较强拉动作用，同时，高新技术产品占比不断提高，引领出口结构不断优化。

开放平台建设成效显著，高水平开放依托更加稳固。高标准推进山东自贸试验区建设，引领和带动全省高水平对外开放。2019年8月，山东自贸区正式挂牌。2021年1月1日，《中国（山东）自由贸易试验区条例》正式施行。在全国首创"一证（照）通"改革，59类办理高频行业率先纳入改革范围；创新关税担保模式，首推"企财保"关税担保；创新加工贸易监管模式，开展"企业集团加工贸易监管"改革试点；首创海铁联运货物"全程提单"模式。以占全省不足万分之八的面积，吸引了全省十分之一的外资，创造了全省十分之一的进出口贸易额。

山东港口青岛港全自动化码头一派繁忙

开放领域持续扩大，资源配置能力进一步增强。全面实施准入前国民待遇加负面清单的管理制度，进一步放宽市场准入。贸易创新试点不断突破，日照等 5 市纳入全国跨境电商零售进口试点城市，临沂、东营、潍坊获批国家级跨境电商综试区。全省跨境电商进出口、市场采购贸易出口实现"双过千亿元"，为外贸增长注入新动能。外贸市场份额更加多元，2021 年对"一带一路"沿线国家进出口 9376 亿元，占进出口总额的比重为 32%。

（五）深厚的文化底蕴是创新不竭动力

中华优秀传统文化是中华民族的精神命脉，是我们在世界文化激荡中站稳脚跟的坚实根基。当前综合国力的竞争，已不仅仅是经济、军事、科技的竞争，更包含了文化的竞争。文化是最需要创新的领域，在人类发展的每一个重大历史关头，文化都能成为时代变迁、社会变革的先导。山东是"孔孟之乡、礼仪之邦"，齐鲁大地文化底蕴深厚，文脉绵延数千年而不绝，儒家文化、齐文化、黄河文化、运河文化、海洋文化、泰山文化、红色文化等交相辉映。

齐鲁文化中蕴涵着丰厚的改革创新精神。在几千年的文明赓续传承中，以"苟日新，日日新，又日新"为代表的创新精神，给齐鲁文化的发展提供了不竭动力，是山东人民发愤图强的精神源泉。齐鲁儿女从不缺乏敢闯敢干的胆识与魄力，绝不被旧体制、旧观念束缚，勇于改革、拼搏、开拓，锐意进取、大胆探索，敢为天下先，在困境中主动寻求自我发展道路，在艰苦创业中走出了一条敢为人先的奋斗之路。

从沂蒙精神中汲取新时代创新奋斗力量。沂蒙精神是山东党政军民在长期的革命斗争中共同铸就的伟大革命精神，是中国共产党人精神谱系的重要组成部分。习近平总书记在 2013 年 11 月视察山东时指出："山东是革命老区，有着光荣传统，军民水乳交融、生死与共铸就的沂蒙精神，对我们今天抓党的建设仍然具有十分重要的启示作用。"新时代需要我们大力发扬沂蒙精神，以昂扬向上的奋斗精神攻坚克难，以求真务实的精神苦干实干，自觉投身新时代社会主义现代化强省建设的伟大实践。

以文化交流互鉴助推创新发展。山东人脉资源丰富，是江北最大侨乡，海内归侨侨眷 120 万人，海外华人华侨 120 万人。忠诚守信、敢闯敢干的儒商、鲁商遍布国内外，这是促进山东经济社会高质量发展的宝贵财富和重要力量。要发挥齐鲁文化资源丰厚的优势，立足儒家文化、打好"孔子牌"，加强山东对外和对港澳台文化交流合作。依托尼山世界文明论坛作为世界文明对话品牌的知名度和影响力，加快建成"一带一路"国际人文合作交流中心和重要基地，深入开展"孔子文化世界行""齐鲁文化丝路行"等活动，推动齐鲁文化走向世界，增强山东在沿线国家和地区的影响力。

四 山东增强经济社会发展创新力的突破口

增强经济社会发展创新力是一项长期性、系统性工作，只有找准突破口，下好"牵一发而动全身"的重子，才能赢得"一子落而满盘活"。山东在增强经济社会发展创新力上比较优势突出、提升潜力巨大，要固优势、补短板、强特色、促活力，努力将比较优势变成高质量发展胜势。

（一）持续做好巩固性创新

做大做优强项，夯实创新基础。山东作为我国的经济大省之一，在过去的发展中形成了三次产业可以齐头并进、供需两端可以协同发力、新老动能可以相得益彰等九个方面的比较优势。这些优势是前期创新成果的集中体现，也是现阶段培育创新能力的"膏壤"。必须立足九大优势谋创新：产业链协同创新强健发展基础，供给侧创新挖掘需求潜力，新旧动能转换激发发展活力，国企混改焕发生机，"一带一路"陆海联动拓展新空间，交通新基建畅通联系脉络，新型城镇化建设促进区域均衡，自贸区建设开创对外开放新局面，"两创"落实落地推动文化繁荣发展。

保护创新成果，激发创新活力。保护创新成果是对创新者前期创新行为的尊重与肯定，能够有效激发经济社会发展创新力。做好这项工作应该重视以下三个方面：一是完善知识产权公共服务体系。建立健全全省知识产权大数据信息服务平台，推动专利、商标、版权、植物新品种、地理标志、民间文艺、遗传资源等要素数据互联互通。二是发展壮大知识产权服务业。培育高端知识产权服务机构，构建知识产权服务市场体系，推动专利代理机构服务规范国家标准贯彻实施。三是加强知识产权服务监管。实现知识产权服务业"双随机一公开"监管全覆盖，重点打击无资质专利代理、恶意商标代理、以不正当手段招揽业务等违法违规行为。

加强基础研究，强化源头支撑。只有持之以恒地加强基础研究，才能扎牢创新的根基。加强基础研究，构建山东特色的基础研究体系要重点从四方面着手：一是完善基础研究支持体系。深化省自然科学基金管理改革，探索建立"负责任、讲信誉、计贡献"的分类评审机制，建成理念先进、制度规范、公正高效的新时代省自然科学基金资助体系。二是优化基础研究学科布局。加强重要学科领域前瞻部署，鼓励从零到一的原创性研究，重视数学科学建设。三是塑造新兴交叉融合学科新优势。鼓励开展跨学科、跨领域基础及应用基础研究，促进新兴交叉学科融合发展。四是培育基础研究区域创新高地。发挥高校、科研院所基础研究主力军作用，推动建立若干能够带动全省发展的基础科学研究集聚地。

（二）推动做好拓展性创新

明确突破方向，精准擘画蓝图。山东必须扬长补短，在新一轮创新发展中，坚持"四个面向"，选准突破方向。面向世界科技前沿布局一批提升原始创新能力和支撑重大科技突破的项目，突破一批重大科学难题和前沿科技瓶颈。面向经济主战场构建以"十强"产业为主导的现代产业技术体系，加快推动新旧动能转换取得突破、塑成优势，形成科技创新全面融入、支撑经济快速发展的新格局。面向国家重大需求主动融入和服务黄河流域生态保护和高质量发展、海洋强国等国家战略，打造以陆海统筹为鲜明特色、具有全国影响力的科技创新中心。面向人民生命健康加强人口健康、公共安全等领域技术研发和转化应用，提升体系化技术支撑能力。

推动迭代更新，探寻转化路径。当前，山东新旧动能转换正面临爬坡过坎的关键时期，必须要以高质量发展为总目标，推动经济社会迭代更新，在迭代中不断创新，在创新中不断修正，探寻出最适合山东的转型升级路径，跑出山东创新发展"加速度"。推动迭代更新，要重视新技术嵌入作用，发挥好山东领先技术优势，突出超算服务、量子技术、工业互联网等领域，促进技术成果加速转化与推广应用；重视创新载体的支撑作用，依托高校、科研院所和实力雄厚的企业建设一批高能级创新平台，推动创新资源汇集与聚力；重视制度的催化作用，有效利用财政、金融、税收等方面的优惠政策支持迭代更新。

升华创新优势，变优势为胜势。如何将既有创新优势有机融合，系统性服务山东创新发展，是比较优势变成发展胜势的关键。要以系统观加强优势整合，利用山东北连京津冀都市圈、南接长三角城市群、西邻中原城市群、东临环太平洋经济带得天独厚的区位优势，织密交通、物流、信息网络，吸引人才、资本、技术等核心要素的集聚，打造要素胜势，并通过优势要素在产业布局中的优化配置塑造产业胜势，进而打造经济社会高质量发展胜势。

延伸阅读

全球首张确定性网络在山东发布

2月23日，紫金山实验室主任、中国工程院院士、山东未来网络研究院院长刘韵洁在济南发布了全球首张确定性网络成果，山东未来网络研究院、山东未来集团在本次发布仪式上揭牌成立。中国工程院副院长陈左宁院士、中国工程院原副院长邬贺铨院士通过视频发来祝贺。山东省委书记李干杰，省委副书记、省长周乃翔出席了上述活动。

山东未来网络研究院、山东未来集团采用刘韵洁院士团队最新"未来网络"技术，充分利用现有资源，建设完成了覆盖山东省16市、5600公里的全球首张确定性骨干网络。经中国信息通信研究院测试，确定性网络主要性能指标达到国际领先水平。

如今，互联网的发展正由"消费型"向"生产型"转变，传统网络"尽力而为"的技术架构难以支撑生产型互联网的需求，亟需差异性、确定性服务能力。确定性网络作为生产型互联网的关键技术突破口，以建设大规模、可提供确定性服务质量的网络为目标，为工业、农业、服务业提供实时、高质量、高可靠的网络服务，全面赋能三大产业高质量升级转型，催生新产业、新业态、新模式，是新一代网络通信体系的发展方向，是网络强国的重要推动力，将助力我国在网络通信领域全球领先。

依托确定性网络，山东未来网络研究院、山东未来集团已经与山东能源、山东临工、浪潮集团、青医附院等单位，联合打造了"确定性网络＋智慧矿山、＋智慧矿井、＋超算算力共享、＋数字孪生、＋远程手术、＋协同制造"等一批典型应用场景，初步显现出对推动企业技术进步和产业升级的重要作用，将为山东工业互联网建设和数字经济发展提供有力支撑。

资料来源：中国科技网，2022年2月23日。

（三）聚焦创新短板谋潜力

深耕核心技术，破解"卡脖子"难题。山东在解决关键领域的"卡脖子"技术上要瞄准重点、直击要害。在技术层面重点聚焦关键共性技术、前沿引领技术、现代工程技术、颠覆性技术，加大科技创新投入，编制关键核心技术攻关动态清单，实施重大技术攻关项目，集中突破一批"卡脖子"技术难题。在制度层面完善科技成果、知识产权归属和利益分享机制。引导企业和各类机构扩大研发投入，提高转化效率，完善科研人员职务发明成果权益分享机制，提高科技成果转化收入分配比例。

对标先进，补齐不足。只有对标先进找差距、跳出山东看山东，才能在更高的站位上寻求发展和进步的空间。我们要清楚地认识到，山东在创新发展上与国外发达国家、国内先进省份相比，还存在一定的差距和不足。据《中国区域创新能力评价报告》显示，山东区域创新综合排名连续多年位于 31 个省（自治区、直辖市）的第 6 位，其中知识创造、知识获取能力明显偏弱。针对这些不足，需要重点在培育高水平大学、引育高素质团队、打造高能级平台、营造高效率创新环境上下大力气，变差距为潜力。

延伸阅读

"山东造"雪蜡车为中国越野滑雪保驾护航

自 2021 年 11 月 13 日首次投入使用到 2022 年 2 月 20 日北京冬奥会闭幕，总计 100 天的时间里，中国雪蜡车零故障运行，出色完成了冬奥会的各项保障服务任务，展现了山东"智"造的"硬核"实力。

　　接到国家体育总局的研制任务后，山东用不到一年时间研制出集光伏发电储能、5G、工业互联、大数据、人工智能等于一身的中国首台雪蜡车。作为我国第一辆具有完全自主知识产权的智能雪蜡车，牵引头采用氢燃料电池和油电混合双动力系统。其中，燃料电池动力系统的电池功率目前已知世界最大，并且该电池具备零排放、绿色无污染的特点。油电混合动力系统牵引头的百公里油耗达到国内最低标准 28 升左右，是国内唯一一台满足四阶段油耗的柴油车型。

　　冬奥会期间，中国雪蜡车平均工作时长在 16 小时左右，期间曾连续多日 24 小时运转，保障打蜡师对 8000 多副雪板进行测试和打蜡工作，为冰雪健儿取得佳绩提供了坚强保障，向全世界展示了中国制造和中国智慧。

　　　　　　　　　　　　资料来源：齐鲁网，2022 年 3 月 5 日。

（四）聚力创新弱项拓空间

完善创新制度体系，提升创新管理水平。完善制度体系是全面提升经济社会发展创新力的基本前提。当前，山东在人才引育、营商环境优化、数字经济发展、安全生产、要素配置、民生保障等领域与发达地区还存在不小差距，直接或间接影响创新力提升。应聚焦聚力这些弱项，通过落实和完善政策法规、深化管理体制改革、强化激励约束等改革举措补齐制度短板，不断拓展创新发展空间。

营造创新良好生态，盘活创新资源。营造包容有序的创新环境是推进山东经济社会发展创新力走在前的关键。必须按照政府有为与市场有效并重的发展思路探索山东路径，着力在完善多元化科技投入机制、推动科技创新创业深入发展、全面实施知识产权和标准战略、推动科技创新资源开放共享、加强新时代科普工作、营造科技创新文化氛围等方面求突破开新局。

（五）激发社会创新活力

促进科普和教育有机融合，增强全社会科学文化素质。科普工作能增强公众对科学技术的理解、掌握和运用能力，有利于提升经济社会发展创新力。要全面加强基础科学素质教育，开展适应社会的职业教育。加强青少年科学教育，形成一大批具备科学家潜质的青少年群体。大力提高领导干部科学文化素养，构建领导干部科技教育培训体系，使领导干部掌握新科学知识和全球科技发展趋势，增强组织和推动科技创新的本领。提升农民科学文化素养和技术水平，重点提高农业技术应用水平。强化社区科普公共服务，提升老龄人口科学文化素养和融入信息社会的能力。

加强科普基础设施建设，实现科普公共服务均衡发展。科普基础设施是科普工作的重要依靠、支撑和创新实践载体。要支持各地建设开放性、群众性科普活动场所和科普设施，为公众提供便捷的科普服务。推进科普场馆"一馆一品"特色建设，推动"互联网＋"、虚拟现实等技术在科技场馆展览教育中的应用。优化"社区创新屋"运行机制，推进大学生科学商店、青少年科技创新实践工作站建设，建成科普设施体系。加强科普信息化建设，实现科普信息资源的集成与共享。

加强科研诚信和伦理建设，营造良好科研生态。科研诚信和伦理建设是创新的基石。要推动从事科学研究的企业、事业单位、社会组织加强科研诚信和科技伦理培训教育。加强对科研人员、教师、青年学生等的科研诚信教育，在入学入职、职称晋升、参与科技计划项目等重要节点开展科研诚信教育。充分发挥学会、协会、研究会等社会团体的教育培训作用，引导科研人员自觉抵制弄虚作假、欺诈剽窃等行为。强化科技伦理通识教育，促进科技伦理等意识养成，确保科技创新在伦理规范之内发挥有效活力。切实压实高校、科研院所、医疗机构等基层单位的科研作风学风和诚信建设主体责任。支持科技类社团、学术出版社等机构参与科研作风、学风协同治理。增强对科技活动违规行为的主动发现能力，持续保持"零容忍"高压态势，促进学术自律，形成崇尚科学精神、遵循科技伦理、严守学术规范的良好氛围。

做好新时代科技宣传工作，营造全社会崇尚创新的舆论氛围。专业高效的科技宣传是创新助推器。要坚持党媒基本定位，做优做强科技领域宣传主阵地、主渠道，提升科技传播力和舆论引导力。建立科学家精神宣传的长效机制，讲好科学家故事。围绕重点热点领域积极开展科学家与公众对话，通过开放论坛、科学沙龙和展览展示等形式，创造更多科技界与公众交流的机会。举办创新创业大赛、国际创新节等创新创业活动，打造国内外知名的创业服务品牌。及时报道全省科技创新工作的各项举措和取得的成绩，讲好山东科技故事。倡导敬业、精益、专注、宽容失败的创新创业文化，完善试错容错纠错机制。

（六）激活创新市场动能

全面提升企业创新能力，构建创新联合体。创新联合体是将需求侧与供给侧紧密结合的源头性技术创新发源地，有助于促进山东从渐进式技术创新向颠覆性技术创新升级，全面打造经济发展新优势。要推动规模以上工业企业建立研发机构、开展研发活动，加快推动大型工业企业研发机构全覆盖，提升现有研发机构研发能力和水平，实现企业研发机构量质提升。支持大型骨干企业承担国家重大科技任务、突破产业关键核心技术，在构建自主可控的现代产业链中发挥创新示范作用。在重大战略领域，引导和支持有条件的领军企业通过股权激励、共设研发基金等手段，联合产业链上下游、产学研创新链等资源，成立创新联合体，牵头承担重大科技创新项目，攻克一批产业"卡脖子"技术，提高山东省产业链和供应链自主可控能力。

推动科技型企业发展壮大，形成融通创新生态。科技型企业是经济高质量发展的微观基础，是最具市场活力和发展动力的创新主体。要完善科技型企业梯次培育体系，引导企业持续加大研发投入，提升技术创新能力，打造科技型中小企业、高新技术企业、创新型领军企业多层次的科技型企业体系。发挥龙头骨干高新技术企业在区域、行业中的引领带动作用，支持其建设共性技术创新服务平台，面向行业提供全产业链、高质量的共性技术供给服务，促进科研设施共享共用。支持创新型领军企业开放创新资源和应用场景，建设专业化众创空间、场景应用创新中心，面向中小微企业开放科技设施平台、数据、技术验证环境等。鼓励行业龙头骨干采取研发众包、"互联网＋平台"、大企业内部创业等模式，促进大中小企业协作、资源共享和系统集成，强化产业链创新。支持企业与高校、科研院所融合大数据、物联网、人工智能等数字经济新技术，共同打造无边界的产业生态圈。

优化科技型企业发展环境，助力科技型企业有序平稳发展。优化发展环境就是要以流程机制的系统优化、治理效能的全面提升，为科技型企业的蓬勃发展厚植土壤，为创新创业活力的充分释放提供坚实制度保障。要建立健全企业创新发展的政策环境，完善企业研发财政补贴制度，落实国家优惠政策，引导企业持续加大研发投入。鼓励社会投资机构加大科技项目投资力度。鼓励企业出题、高校和科研院所解题，大幅度提高科技计划项目企业牵头比重。强化科技型企业创新服务供给，加强多部门联动，建立健全科技型企业培育协同推进工作机制。搭建省级科技创新公共服务平台，为企业提供市场化的专业化、菜单式服务。完善创新服务综合绩效财政资金奖励机制，支持高校、科研院所面向企业开放创新资源。优化科技管理工作流程，推行涉企服务事项"网上办、智能办"。开展科技暖企、科技惠企服务行动，面向科技企业开展线上线下服务辅导，扩大政策影响面和受惠面。

山东已拥有省级企业技术中心 1881 家，国家企业技术中心 196 家

近年来，围绕提升科技自立自强水平，促进科技创新与产业发展深度融合，山东省坚持产业需求和问题导向，面向应用基础研究、行业共性技术、企业创新主体等 3 个关键环节重点发力，建立了涵盖源头创新、技术创新、产业创新等全链条的创新平台体系，对全省高质量发展发挥了重要的支撑作用。截至 2022 年 2 月，全省拥有省级企业技术中心 1881 家，国家企业技术中心 196 家，总数居全国首位。2021 年，196 家国家企业技术中心累计研发经费投入 860 亿元，新申请发明专利 2.9 万个，带动实现新产品销售收入近 1 万亿元。

资料来源：山东宣传网，2022 年 2 月 22 日。

五 以"十大创新"增强山东经济社会发展创新力

山东经济社会正处在由"量"到"质"、由"形"到"势"迈进转型阶段，新旧动能转换全面起势。实现在增强经济社会发展创新力上走在前的目标，山东必须把握基础优势，乘势而上，重点抓好"十大创新"，布局一批创新项目，推出一批创新举措，开展一批创新试点，突出创新引领，全面开创新时代社会主义现代化强省

建设新局面。

（一）科技研发创新

科技研发创新是全面创新的核心。科技研发创新搞不上去，发展动力就不可能实现转换，就难以赢得竞争新优势。山东要聚焦经济社会发展重大需求，开展重点环节攻关，突破创新难题，提高研发投入，聚力做优科技创新体系，营造创新活力迸发的科技创新制度环境。

围绕发展战略与民生需求，确定重点科技研发领域。面向新旧动能转换、乡村振兴、海洋强省、碳达峰碳中和等重大战略需求，建立部门联动、央地协同的科技计划组织模式和更加科学的项目管理机制，系统布局基础研究和关键核心技术攻关，打通国内国际双循环的技术链条，探索关键核心技术攻关新型举国体制的山东路径。立足于解决社会普遍关注的民生痛点问题，基于未来科技发展方向，进行"靶向治疗"式的科技创新与产业创新。通过提前布局，力求在与民生相关的各主要细分领域中，特别是教育、医疗和养老三大领域形成突出优势和科技与产业高峰，有效激活庞大的科技内需市场。

构建科技创新体系，提升科技创新能力。以全面深化改革为主线，不断完善科技创新体系，打造全区域、全要素、全链条、全社会的科技创新生态圈，系统增强科技创新对现代化强省建设的支撑引领作用。统筹科学与工程研究、技术创新与成果转化、基础支撑与条件保障三类平台建设，打造布局合理、定位清晰、开放共享、多元投入的科技创新平台体系。强化企业创新主体地位，打造科技型中小企业、高新技术企业、创新型领军企业多层次的科技型企业体系。加快构建符合科研规律和人才成长规律的科技人才发现、评价和激励体制，打造由战略科学家、科技领军人才、青年科技人才、卓越工程师和高技能人才、科技服务专业人才等组成的人才队伍体系。聚焦"一群两心三圈"区域创新发展需求，打造特色鲜明、产学研融通的科技创新策源地，形成优势互补、协调联动的区域创新协同体系。

积极推动体制机制创新，强化高质量发展内生动力。积极推动体制机制创新，营造多元主体协同创新氛围，激发多元主体的创新活力。健全科技宏观协调机制，形成部门和市县协同联动、一把手亲自抓的工作格局，加强科技管理队伍建设，提升科技治理能力和治理体系现代化水平。健全产业政策、人才政策、社会发展政策等与科技政策协同机制，健全保护创新的法治环境，突出市场化导向，优化创新治理，推动修改不符合创新导向的法规文件，废除制约创新的制度规定，构建综合性法规创新保障体系。坚持体系化、市场化、法治化、国际化方向，以激发科研人员和创新主体积极性创造性、完善科技治理体系为着力点，加快政府职能转变，深化科技管理体制改革，优化科技资源配置，全面增强科技创新协同治理能力，不断提升高质量发展内生动力。

（二）人才引育创新

人才资源是第一资源。建设新时代社会主义现代化强省，必须建设与之相适应的规模宏大、素质优良、结构合理的人才队伍，形成国际国内一流的人才集聚高地，在重点领域筑起人才高峰，塑强人才生态竞争力，高水平建成现代化人才强省，让人才真正成为支撑引领山东高质量发展的核心动力。

加快高水平人才集聚。把科技创新人才、产业人才、乡村振兴人才、经略海洋人才和社会事业人才作为高水平人才集聚工作重点。聚焦科技自立自强和科技强省建设，以高能级人才载体平台建设为支撑，着力集聚一批战略科技人才、科技领军人才。聚焦"十强"现代优势产业集群发展和未来新兴产业发展，着力加强人才引领型企业培育，推进科教产融合发展，打造高水平的产业人才队伍。聚焦打造乡村振兴齐鲁样板，注重农村人力资本开发，加强乡土人才培养和推动人才向基层流动，培育高素质的乡村振兴人才队伍。聚焦海洋强省建设，充分发挥好涉海高校科研机构、重大科技基础设施等的作用，面向优势海洋产业，加快集聚一流的海洋创新人才和海洋产业人才，建设领先的经略海洋人才队伍。聚焦满足人民日益增长的美好生活需要和提升社会治理能力，加强现代化教育人才、新时代宣传思想文化人才、高水平卫生健康人才、高素质社会工作人才、新型智库人才的培养，发展壮大社会事业人才队伍。

强化青年科技人才引进。聚焦重点产业需求，面向海内外大力引进具有原始创新能力的青年科学家和具有推进重大技术变革能力的青年科技领军人才。积极发现、大胆使用、有效激励和集聚优秀青年科技人才，建立完善需求导向的青年科技人才队伍培育机制。加大对基础研究领域青年科技人才的培养，稳定青年基础科学研究队伍。注重在科学实践活动中培养使用青年科技人才，鼓励和支持青年科技人才承担重要任务。实施青年科技人才托举行动，为青年人才开展学术交流、融入创新团队等搭建平台。建立符合青年人才成长规律的培养使用评价机制，打破论资排辈等隐性台阶，促进青年人才脱颖而出。

持续优化人才发展生态。做好山东人才工作顶层设计和战略布局，着力做好协同联动大文章，加速打造具有山东特色的人才发展优质生态系统。一是优化区域人才发展生态。支持济南、青岛提升中心城市综合服务能力和国际影响力，打造全球人才"蓄水池"。支持其他各市立足区位和发展重点，培育一批特色人才高地。支持各类开发区、新区等，打造有利于人才创新创业的微生态，形成一批创新活力强、创新人才集聚的创新创业小高地。二是进一步优化人才开放生态。树立全球视野，通过布局建设离岸基地、人才飞地、提高人才来鲁留鲁便利度等措施，加强与国内外科教和人才资源密集区域的合作，在全球范围内吸引人才、用好人才。三是积极营造一流人才制度生态。持续优化人才制度供给，深化人才制度改革攻坚，推进人才制度创新，更大力度向用人单位放权、为人才松绑。大力提高人才服务效能，实施人才服务体系构建、服务质量提升、服务内容拓展三大计划，整合服务资源，再造服务流程，切实增强人才的归属感、获得感。四是大力营造充满活力的人才社会生态。充分激发社会市场力量，发挥山东人才发展集团引领作用，健全完善多元化引才用才机制，提升人才发展的市场化、社会化、专业化水平，大力营造良好社会氛围，健全党委联系服务专家制度，完善"人才山东"推介机制，打造"人才山东"品牌。

（三）营商环境创新

不断优化营商环境是促进高质量发展的重要内生动力。好的营商环境对于最大化降低制度性交易成本，充分发挥市场在资源配置中的决定性作用，确保市场行为公平公正，推动建立良性市场秩序，至关重要。

加快建立创新导向型现代市场体系。在优化创新型中小企业市场准入准营退出环境方面，进一步优化企业开办水平，全面实行企业开办"全程网办"，优化"一窗通"系统，实现一次登录、一表填报、两个环节办理、一个工作日办结，免费寄递营业执照等材料。推进电子营业执照应用，推广智能审批、微信办照、掌上开办、"政银合作"等便捷服务模式。对一个行业涉及多个行政许可事项实行"一业一证"改革，实现"一证准营"。实行涉企许可事项与营业执照联合开办、联合变更、联合注销"证照三联办"，全国实行市场主体注销"一网通办"、简易注销改革。除严格执行公平竞争审查制度外，还应聚焦民生领域突出问题，加强对垄断协议、滥用市场支配地位和滥用行政权力排除、限制竞争行为的查处力度。着眼于完善新型监管机制，建立健全市场监管标准规则体系，深化信用监管机制，探索开展信用修复约谈和承诺制度，提高信用监管权威。

强化科技型企业创新服务供给。加强多部门联动，建立健全科技型企业培育协同推进工作机制。搭建省级科技创新公共服务平台，探索"公司＋股权"方式，为企业提供市场化的专业化、菜单式服务。完善创新服务综合绩效财政资金奖励机制，支持高校、科研院所面向企业开放创新资源。优化科技管理工作流程，推行涉企服务事项"网上办、智能办"。充分利用政务共享数据平台，按照"能减尽减、能简尽简"原则，进一步压减涉企服务事项办事环节、材料和时效，降低企业创新创业成本。开展科技暖企、科技惠企服务行动，面向科技企业开展线上线下服务辅导，扩大政策影响面和受惠面。强化利用信息化监测手段和对接服务，助力科技型企业有序平稳发展。

建立健全企业创新发展的政策环境。完善企业研发财政补贴制度，引导企业持续加大研发投入。落实国家关于企业投入基础研究、提高企业研发加计扣除比例、初创期科技型中小企业税收优惠等政策，加大对企业研发的支持力度。鼓励社会投资机构加大科技项目投资力度，鼓励企业出题、高校和科研院所解题，大幅度提高科技计划项目企业牵头比重。科研人员承担横向科研项目与承担政府科技计划项目，在人才评价、职称评聘等方面同等对待。落实新产品保险补偿政策，对企业为首台（套）技术装备及关键核心零部件、首批（次）新材料、首版（次）软件产品购买的产品质量险、产品责任保险和产品综合险，给予适当的保费补贴。

（四）数字变革创新

数字化变革是催生新动能、增创新优势的关键之举。山东深化资源整合，完善平台建设，突出产业赋能，加快流程再造，强化数字惠民，推动数字强省建设走深走实。

建设完善的数字基础设施。布局建设全国领先的"网、云、端"等信息基础设施，加快建设泛在连接的通信基础设施，推动"双千兆"网络深度覆盖，构建存算一体、云边协同的算力基础设施体系，布局全域感知的智能终端设施。全面推进交通、水利、能源、市政等领域数字化转型，加快智慧交通、数字水利、能源互联网和市政基础设施数字化建设。着力构建泛在连接、高效协同、全域感知、智能融合、安全可信的数字基础设施体系，全力打造全国信息基础设施先行区和融合基础设施示范区。

探索数字融合创新发展新模式。围绕推进数字产业高端布局、加速工业数字化转型、推动农业数字化转型、加快海洋产业数字化、促进服务业数字化升级等五个方面，推进数字产业化、产业数字化。围绕加快政务服务模式重构、推动政府治理范式重塑、推进机关运行流程再造、实施数字政府强基工程等四个方面，推进政府治理体系和治理能力现代化。不断完善全省统一的"云、网、数、用"体系，实现企业和群众找政府办事线上只进一网、线下只进一窗。

构建智慧便民的数字社会。聚焦强化数字公共服务新供给、构建智慧城市建设新格局、打造数字乡村建设新模式、构筑美好数字生活新图景等方面，打造数字化应用场景，构筑全民畅享的数字生活。推动城乡数字化均衡发展，加快智慧社区建设，高质量打造乡村振兴齐鲁样板。健全以信用为核心的社会治理创新机制，完善省级公共信用信息交换和共享平台，推进与国家、省级各部门、各行业、市县公共信用信息的纵横联通。依托省公共信用信息平台、国家企业信用信息公示系统（山东），加快构建政府、社会共同参与的守信联合激励和失信联合惩戒机制。

延伸阅读

争取 2025 年基本建成制造强省，山东底气何在？

《山东省"十四五"制造强省建设规划》提出到 2025 年，山东将基本建成制造强省，初步形成具有山东特色的现代制造业体系。对已切实将制造业作为强省之基、兴省之要、富省之举的山东来说，在推动制造业高质量发展方面取得了突出成绩。

山东拥有 41 个工业大类、197 个工业中类、526 个工业小类，是全国工业门类最为齐全、基础最为雄厚、结构最为完善、配套最为完备的省份之一。2020 年，山东全省规模以上工业企业实现营业收入 8.43 万亿元、利润 4283 亿元，总量分别居全国第 3 位、4 位。在这样的基础上，山东坚持把制造业作为新旧动能转换的主战场和突破口，切实做好减量优化、存量提升、增量培育三篇文章。通过建立"科技 + 产业"创新生态会商机制，推动科技创新与产业发展紧密结合，加强关键核心技术攻关，培育一批高能级创新平台，提高大中小企业的质量、效益和核心竞争力。"十三五"期间，累计培育 57 家国家技术创新示范企业，数量居全国首位。

资料来源：山东宣传网，2021 年 12 月 10 日。

119

（五）产业生态创新

依托"雁阵形"产业集群，强化协同、提升能级，提高产业链完整性、供应链稳定性，加快塑造一批战略性、全局性产业链，抓园区聚合、抓平台互联，提升产业集群协同性，打造系统完备、互联共生、创新活跃、安全稳定的产业生态，积极谋划制造强省建设产业战略新格局，为新时代现代化强省建设提供有力产业创新支撑。

增强企业协同创新能力。一是增强创新链协同，动态梳理重点产业关键核心技术攻关清单，通过竞争立项、组阁揭榜等方式，组织实施一批产业链协同创新项目。二是增强供应链协同，支持企业加强与"一带一路"沿线国家产能合作，扩大与欧美发达国家良性互动，构筑相互依托、互利共赢的产业链、供应链体系。三是增强生态链协同，支持企业技术创新载体建设，打造"政产学研金服用"共同体，培育科技成果产业化经纪人队伍，聚焦"卡脖子"领域强力攻关，构建顺畅高效的企业创新成果转化体系。

提升产业链稳定性。一是要做好强链创新，围绕新一代信息技术、高端装备、新材料、高端化工、生物医药等重点产业领域，全面推行"链长制"，精准绘制"1个图谱"＋"N张清单"，找准产业链中的优势潜力和短板弱项，加强省内省外对接合作，精准招引、实施一批补链延链强链项目。二是要做好稳链创新，分行业打造一批规模大、技术强、品牌响的"领航型"企业，培育一批细分领域的"单项冠军""瞪羚""独角兽"企业，促进产业链上下游、大中小企业紧密配套协同发展，有效提升产业链供应链的稳定性和竞争力。三是要做好优链创新，积极落实扩大内需战略，进一步增强供给结构对需求变化的适应性和灵活性，以智能家居、健康食品、时尚服装、新兴电子等消费品为重点，加快推进增品种、提品质、创品牌"三品"专项行动，持续做精、做优、做强，打造具有全球影响力的先进制造基地。

构建大中小企业融通创新生态。发挥龙头骨干高新技术企业在区域、行业中的引领带动作用，支持其建设技术创新中心、新型研发机构、技术创新战略联盟、创新创业共同体等共性技术创新服务平台，面向行业提供全产业链、高质量的共性技术供给服务，促进科研设施共享共用。支持创新型领军企业开放创新资源和应用场景，建设专业化众创空间、场景应用创新中心，面向中小微企业开放科技设施平台、数据、技术验证环境等。鼓励行业龙头骨干采取研发众包、"互联网＋平台"、大企业内部创业等模式，促进大中小企业协作、资源共享和系统集成，强化产业链创新。支持企业与高校、科研院所融合大数据、物联网、人工智能等数字经济新技术，共同打造无边界的产业生态圈，加快推进产业数字化进程，增强企业核心竞争力。

布局建设特色创新载体。鼓励各市根据各自资源禀赋、产业特征、区位优势、发展水平等基础条件，加大招才引智力度，发展科学城、科技城及各类创新载体，集聚优势创新资源。支持特色创新载体探索与高新区协同发展的体制机制，推进科教产资源集聚和深度融合，打造产业链、资金链、人才链、技术链"四链合一"的良好创新创业生态和创新型产业集群。

（六）要素保障创新

加快构建新发展格局，必须充分发挥市场在资源配置中的决定性作用，更好发挥政府作用，着力破除影响要素自主有序流动的体制机制障碍，全面提高要素协同配置效率，更好统筹发展和安全，为完善要素市场制度、建设高标准市场体系积极探索新路径，为推动经济社会高质量发展提供强劲动力。

推动劳动力要素合理畅通有序流动。劳动力是经济发展中最为活跃的发展要素，更是增强经济社会发展创新力的关键要素，必须放在更加突出的位置加以重视。一是进一步深化户籍制度改革，开展户籍准入年限同城化累计互认、居住证互通互认，实现基本公共服务常住地提供，支持建立以身份证为标识的人口管理服务制度，扩大身份证信息容量，丰富应用场景。二是加快畅通劳动力和人才社会性流动渠道，指导用人单位坚持需求导向，采取符合实际的引才措施，促进党政机关、国有企事业单位、社会团体管理人才合理有序流动，支持事业单位通过特设岗位引进急需高层次专业化人才，支持探索灵活就业人员权益保障政策，加快发展人力资源服务业。三是激发人才创新创业活力，支持事业单位科研人员按照国家有关规定离岗创新创业，推进职称评审权下放，赋予具备条件的企事业单位和社会组织中高级职称评审权限。

创新要素配置方式。一是推动资本要素服务实体经济发展，依托全国信用信息共享平台，加大公共信用信息共享整合力度，充分发挥征信平台和征信机构作用，建立公共信用信息同金融信息共享整合机制，发展多层次股权市场，创新新三板市场股债结合型产品，丰富中小企业投融资工具，增加有效金融服务供给。二是大力促进技术要素向现实生产力转化，支持开展赋予科研人员职务科技成果所有权或长期使用权试点，探索将试点经验推广到更多高校、科研院所和科技型企业，健全职务科技成果产权制度。三是完善科技创新资源配置方式，探索对重大战略项目、重点产业链和创新链实施创新资源协同配置，构建项目、平台、人才、资金等全要素一体化配置的创新服务体系，支持金融机构设立专业化科技金融分支机构，加大对科研成果转化和创新创业人才的金融支持力度，推进技术和资本要素融合发展。

进一步发挥要素协同配置效应。一是提高全球先进要素集聚能力。支持探索制定外国高端人才认定标准，为境外人才执业出入境、停居留等提供便利。支持符合条件的境内外投资者在中国（山东）自由贸易试验区依法依规设立证券、期货、基金、保险等金融机构。支持探索国际科技创新合作新模式，在世界范围内吸引具有顶尖创新能力的科学家团队"揭榜挂帅"。支持行业领军企业牵头组建国际性产业与标准组织，积极参与国际规则制定。二是完善按要素分配机制。提高劳动报酬在初次分配中的比重，强化工资收入分配的技能价值激励导向，构建充分体现知识、技术、管理等创新要素价值的收益分配机制。创新宅基地收益取得和使用方式，探索让农民长期分享土地增值收益的有效途径，合理分配集体经营性建设用地入市增值收益，兼顾国家、农村集体经济组织和农村居民权益，探索增加居民财产性收入。

（七）民生改善创新

民生无小事，就业、教育、社保、卫生健康等，都是关系百姓切身利益的大事。办好民生之事，多解民生之忧，要善于改革创新，以新思路新招数，在实践中把"民生清单"变为百姓"幸福账单"，让发展阳光照进每个人的生活，持续增强人民群众获得感、幸福感、安全感。

提升重点群体保障水平。聚焦"一老一小"、困难群众等，强化特殊困难群体保障，提升城乡低保对象、特困人员等九类困难群众救助标准，对低收入人口加强动态监测和常态化帮扶。建设残疾人综合服务平台，提高部分优抚对象待遇，修补社会保障体系短板，重点解决"参保未缴费""应保未保""参保不充分"问题。提升养老妇幼服务，健全养老服务设施，实现社区养老服务设施配建达标率100%，实施农村低收入妇女"两癌"救助，改进残疾儿童康复救助服务。加强学校、养老机构食品安全监管，确保食品安全。

促进居民就业增收。聚焦重点人群就业创业，强化城乡公益性岗位扩容提质，重点帮助农村剩余劳动力和城镇长期失业人员就业。促进重点人群就业，深化实施"创业齐鲁·乐业山东"行动，加大就业优先政策力度，加大创业担保贷款支持力度，拓宽创业担保贷款担保基金补充渠道，推动银行机构加大信贷投放，支持创业就业。优化企业工资收入分配，促进职工工资合理增长。

推动教育均衡发展。聚焦优质教育资源扩增和"双减"政策落地，推动学前教育公益普惠发展，实施城镇公办幼儿园扩容、农村幼儿园提升、普惠性民办幼儿园扶持三大工程。扩增城乡义务教育资源，推进乡村教育振兴先行区建设，深化实施教育强镇筑基和强校扩优行动。健全课后服务保障机制，完善教职工激励措施，义务教育学校课后服务应开尽开。促进职业教育提质升级，支持打造一批全国领先的高职院校、高水平中职学校。

优化群众就医服务。提升医疗卫生机构服务能力，加强临床重点专科建设，提升中医药服务能力。巩固提升基层服务水平，优化居民医疗健康服务，落实老年人就医便利措施，加快发展"互联网＋医疗服务"。完善医疗保障制度体系，健全重特大疾病医疗保险和救助制度，化解因病致贫风险，健全门诊共济保障机制，开展门诊慢特病治疗费用跨省联网结算，创新长期护理保险制度，重点解决重度失能人员长期护理保障问题。

改善城乡人居环境。聚焦城镇生活条件提升，改善居民住房条件，加强城镇老旧小区、棚户区改造，建设一批保障性租赁住房。大力推动雨污合流管网清零、城市黑臭水体保持"动态清零"，推进城市污水处理厂出水水质提标改造。深入开展生活垃圾分类，基本实现生活垃圾分类有效覆盖。改造提升城市智慧商圈，优化环境、促进消费。聚焦农村人居环境提升，新建改扩建农村公路，支持建设农村客货邮融合发展样板县，改造农村地区清洁取暖，推进农村供水提质，让农村用水更清洁、面貌更整洁。

（八）风险防控创新

坚持系统思维、底线思维，统筹发展和安全，盯紧防控重点，坚决守好粮食、能源、金融、产业链供应链、安全生产、生态环境、食品药品、社会稳定、意识形态、疫情防控等"一排底线"，把安全发展贯穿经济社会发展各领域全过程，为增强经济社会发展创新力提供坚强稳定的支撑。

重视防控手段创新。创新方法手段，既要严格管理又要优化服务，特别是在疫情防控和影响企业安全生产不稳定、不确定因素明显增多的形势下，对重点企业"一企一策"指导服务。建立企业风险分级管控和主动报告制度，与审批换证、监管执法等挂钩，提高企业主动性、自觉性。深入贯彻实施刑法修正案，加大事故前严重违法行为刑事责任追究。严格落实安全生产承诺、失信惩戒、安责险等制度，实行安全评价报告公开制度。

夯实创新发展的安全制度保障。按照常态应急与非常态应急相结合原则，完善相关机制，强化应急管理统筹协调。汇聚各方数据资源，建设智能化应急指挥平台，加强应急指挥部建设，完善上下贯通的应急指挥部体系和应急指挥平台体系。按照"上下基本对应"原则，推动进一步理顺防汛抗旱、森林草原防灭火、抗震救灾等指挥机制，构建上下贯通、衔接有序的工作体系。

在统筹发展与安全中推进创新发展。统筹发展和安全两件大事，把防范化解重大风险作为一项极其重要的工作，要牢牢守住安全这条底线，推进经济社会健康发展，同时也要防止只管安全、忽视发展的现象，为增强经济社会发展创新力营造良好安全环境。更加重视提升企业安全水平促发展，提高全社会抓企业安全工作的能力和水平，运用专家服务、科学监管、精准执法等手段，指导督促企业消除隐患、改进工艺、加强管理，强化企业创新发展的安全之基，为全社会高质量发展提供稳定的生产安全保障。

（九）文化宣传创新

山东是孔孟之乡、礼仪之邦，历史文化底蕴深厚，红色资源特色鲜明。要在推动文化"两创"上下功夫，不断提高文化创造力、传播影响力、宣传引导力。

加强文化传承创新。围绕"打造文明交流互鉴新高地"，加强尼山世界文明论坛组织机构创新和尼山世界儒学中心建设创新，在办会规模、国际影响力、国际传播力上取得突破，全面提升层次能级。围绕"打造文化活态传承新模式"，倡树新时代美德健康生活方式，建立"山东手造"标准体系，全力推进"山东手造"品牌建设；活泼文化创作，实施文艺精品创作质量提升工程，创新文艺创作奖励和后奖励制度；活跃文化生活，广泛开展文化惠民活动，推进情景小剧进农村、进社区。围绕探索文旅融合发展新路径，创新发展文旅、康养两大国际化"标杆"产业，深化国有景区管理体制改革，推进"好客山东 云游齐鲁"工程，探索发展订单式、沉浸式文化康养体验游。打造文旅融合发展新高地、国际著名文化旅游目的地。实施"数字文化"工程，培育发展一批新型文化企业、文化业态、文化消费模式。

加强宣传引导创新。充分动员凝聚各方面力量，创新方式形式，做好宣传引导，形成助推高质量发展的强大合力。推动省市县三级加强统筹，重点建立"报台网端微"矩阵传播、地方合作联动、中央媒体沟通等创新平台机制。用好山东省新闻中心，提高新闻发布质效。加强资源融合，推动省级媒体资源整合、转型升级，深化市级媒体一体化、网络化改革试点，打造县级融媒体中心总服务台，深入开展"好客山东""好品山东""好人山东"品牌整体融合推介。建好用好新时代文明实践中心（所、站），集聚宣传文化资源，开展"五为"志愿服务。强化重大主题宣传报道议题设置策划和联动机制，实施"视听山东""走读山东""文化山东"项目，精准对外传播。

延伸阅读

厚植道德土壤，建设美德山东

山东着力厚植道德土壤，建设美德山东，为奋进新征程提供强大精神力量和道德支撑。

坚持用习近平新时代中国特色社会主义思想"铸魂"。突出加强山东省习近平新时代中国特色社会主义思想研究中心建设，开展重大理论和实践研究，推出一批大众化成果。突出大众化分众化互动化宣讲，组建基层宣讲队伍，打造习语润心、明理胡同等宣讲品牌。突出社会主义核心价值观引领，深入实施时代新人培育工程，使社会主义核心价值观成为全社会共同价值追求。

坚持用中华优秀传统文化"培根"。面向基层群众，深入实施"四德工程"，推进"乡村儒学计划"；面向青少年，在全国率先全面开设大中小学中华优秀传统文化课程，连续举办八届"国学小名士"经典诵读电视大赛；面向党员干部，建设济宁干部政德教育基地，设立30多处现场教学点。深耕齐鲁文化沃土，倡树美德健康生活方式，印发《关于倡树新时代美德健康生活方式的实施方案》，推动形成适应新时代要求的思想观念、精神面貌、文明风尚、行为规范。推出《马克思与孔夫子》《儒学精神与中国梦》等重点读物、民族歌剧《沂蒙山》等文艺精品，创办电视综艺节目《齐鲁文化大会》。

坚持用典型示范引领"树人"。优化工作体系，擦亮新时代道德标杆，构建从山东好人、好人之星、最美人物到道德模范、时代楷模的典型遴选体系，推出 20 名全国道德模范，李登海、赵志全、王传喜等 6 名全国时代楷模，广泛传播有形正能量、鲜活价值观。坚持用崇德向善环境"聚力"，广泛开展"强国有我""和为贵"等道德实践活动，出台《文明行为促进条例》，建立完善道德褒奖机制，让群众当主角，让行为有遵循，让好人有好报，以鲜明价值导向引领向上向善力量。

资料来源：《光明日报》2021 年 11 月 6 日。

（十）推进落实创新

必须全面加强党的领导，明确各部门分工责任，强化组织领导，加大投入保障，重视监测评估，突出重点，强化协同，督帮并举，形成强大创新发展合力，推动各项创新发展工作落实落地，努力在增强经济社会发展创新力上走在前。

加强党对创新工作的领导。发挥各级党委领导作用，建立"一把手"责任意识，强化创新工作落实，及时解决科技发展中的重大问题。建立创新落实工作的督查机制，各级各部门要结合实际，强化本地、本部门科技创新战略部署，做好年度计划与长期发展目标的衔接。加强宣传引导，调动和增强社会各方面创新发展的主动性、积极性。

强化科技创新规划协调管理。编制一批科技创新专项规划，形成以山东省"十四五"科技创新规划为统领、专项规划为支撑的省级科技创新规划体系。建立规划符合性审查机制，完善省部会商、厅市会商、部门会商工作机制，部、省、市、县协同推动科技规划落实。加强科技规划对年度计划执行和项目、平台、人才、科技合作等工作安排的统筹指导，确保科技规划提出的各项任务落到实处。

强化科技投入保障。各级政府将科技创新作为财政支出重点领域，加大财政科技投入力度，引导企业持续加大研发投入，切实提高全社会研发投入水平，确保"两个只增不减"（即研发经费支出只增不减、全社会研发强度只增不减）。建立"十四五"全省科技创新规划实施与财政预算的衔接协调机制，积极探索多元化创新资金投入方式，进一步优化创新投入结构。

发挥"四进"工作机制在创新落实中的作用。进一步优化"四进"工作机制，强化人员配备，抓好培训轮换，充分发挥好个人作用与组织力量，形成上下联动、攻坚克难的强大合力。聚焦高质量发展，认真谋划好督导服务重点工作，制定完善工作计划，切实抓好重点项目、重点政策等任务落实。把党建与业务融合起来，落实全面从严治党要求，严肃工作纪律，严格按规矩办事，不替代、不干预、不打扰地方正常履职。

建立和完善创新落实的督查机制。坚持围绕中心，服务大局，积极探索，勇于实践，以改革创新的理念谋划创新落实组织工作。建立健全党建工作督查机制，采取多种行之有效的措施，全力督促创新工作落实。以全面提高服务水平为目标，积极整合建设资源，创新性拓展服务功能，切实打通服务群众"最后一公里"的创新发展短板。将督办发现的问题列入下一步工作计划，制定创新落实整改措施，对整改情况一查到底，做到工作不到位不放手，问题不解决不放手，真正形成督查倒逼创新发展的强大工作合力。

建立和完善创新落实考核机制。通过完善的考核制度，有效地激发和鼓励干部和职工推进和落实创新工作的积极性，提升创新发展服务质量和水平。坚持奖优罚劣、激励担当，把考核结果运用到干部选拔任用、教育培养、管理监督、激励关爱工作中，推动形成能者上、优者奖、庸者下、劣者汰的正确导向，为创新发展落到实处提供工作机制保障。坚持务实高效、简便易行的考核方法，不断提高干部考核工作制度化、规范化、科学化水平，确保山东在增强经济社会发展创新力上持续走在前。

第四章

在推动黄河流域生态保护和
高质量发展上走在前

黄河是中华民族的母亲河，孕育了古老而伟大的中华文明，保护黄河是事关中华民族伟大复兴的千秋大计。党的十八大以来，习近平总书记多次实地考察黄河流域生态保护和经济社会发展情况，并发表重要讲话、作出重要指示。2021年10月22日，习近平总书记在济南主持召开深入推动黄河流域生态保护和高质量发展座谈会并发表重要讲话，深刻阐述了一系列重大理论和实践问题，要求山东在推动黄河流域生态保护和高质量发展上走在前。高标准推进黄河流域生态保护和高质量发展国家战略落实落地，是山东必须担负起的重大政治责任，也是必须牢牢把握的重大历史机遇。必须自觉把山东发展放在全国大局中来思考和推进，明确基础优势、总体要求、重点任务，在落实黄河国家战略中"打头阵""当先锋"。

习近平总书记情系黄河

党的十八大以来，习近平总书记多次深入黄河沿线视察调研，发表重要讲话，作出重要指示，为黄河流域生态保护和经济发展掌舵领航，彰显了深厚的黄河情怀。

2016年7月，宁夏，习近平总书记指出，要加强黄河保护，坚决杜绝污染黄河行为，让母亲河永远健康。

2016年8月，青海，习近平总书记听取黄河源头鄂陵湖—扎陵湖观测点生态保护情况汇报，并就做好管护工作做了深入交流。

2019年8月，甘肃，习近平总书记强调，要坚持山水林田湖草综合治理、系统治理、源头治理，统筹推进各项工作，加强协同配合，共同抓好大保护，协同推进大治理，推动黄河流域高质量发展，让黄河成为造福人民的幸福河。

2019年9月，河南，习近平总书记指出，只有在中国共产党领导下，发挥社会主义制度优势，才能真正实现黄河治理从被动到主动的历史性转变，从根本上改变黄河三年两决口的惨痛状况。

2020年4月，陕西，习近平总书记强调，要坚持不懈开展退耕还林还草，推进荒漠化、水土流失综合治理，推动黄河流域从过度干预、过度利用向自然修复、休养生息转变，改善流域生态环境质量。

2020年5月，山西，习近平总书记指出，要牢固树立绿水青山就是金山银山的理念，发扬"右玉精神"，统筹推进山水林田湖草系统治理，抓好"两山七河一流域"生态修复治理，扎实实施黄河流域生态保护和高质量发展国家战略。

2020年6月，宁夏，习近平总书记指出，要统筹推进两岸堤防、河道控导、滩区治理，推进水资源节约集约利用，统筹推进生态保护修复和环境治理，努力建设黄河流域生态保护和高质量发展先行区。

2021年6月，青海，习近平总书记强调，要积极推进黄河流域生态保护和高质量发展，综合整治水土流失，稳固提升水源涵养能力，促进水资源节约集约高效利用。

2021年10月，山东，习近平总书记强调，要扎实推进黄河大保护，确保黄河安澜，是治国理政的大事。要强化综合性防洪减灾体系建设，加强水生态空间管控，提升水旱灾害应急处置能力，确保黄河沿岸安全。

一 黄河流域生态保护和高质量发展是重大国家战略

习近平总书记指出，黄河流域生态保护和高质量发展，同京津冀协同发展、长江经济带发展、粤港澳大湾区建设、长三角一体化发展一样，是重大国家战略。围绕推动黄河流域生态保护和高质量发展，习近平总书记作出了一系列重要论述。这些论述内涵丰富、意义深远，是推动黄河流域生态保护和高质量发展的根本遵循和行动指南，必须认真学习、深刻领会其精神实质、核心要义、实践要求。

（一）黄河流域在我国经济社会发展中的战略地位

黄河流域西接昆仑、北抵阴山、南倚秦岭、东临渤海，横跨东中西部，是我国重要的生态安全屏障，也是人口活动和经济发展的重要区域，在国家发展大局和社会主义现代化建设全局中具有举足轻重的战略地位。把黄河流域生态保护和高质量发展上升为国家战略，为黄河流域确立了新坐标、明确了新定位、赋予了新使命，凸显了黄河流域服务国家重大战略的重要作用。

1. 黄河流域是我国重要的生态安全屏障。黄河流域串联青藏高原生态屏障、北方防沙带、黄土高原生态屏障，沿途分布着冰川、荒漠、草原、高原、湖泊、湿地等丰富的地貌形态，流经三江源、祁连山、若尔盖、黄河三角洲等多个重要生态功能区域，承担着水源涵养、水土保持、荒漠化防治等生态功能。河源区是重要的水源涵养地，是维护流域内生态平衡的关键地区，也是世界高海拔地区生物多样性最集中的地区，拥有雪豹、藏羚羊、冬虫夏草、雪莲等珍稀动植物。"几"字湾区域是北方重要的防沙生态屏障，沿途分布着腾格里、巴丹吉林、库布齐、毛乌素等沙漠沙地。正是由于黄河流经形成的沙漠绿洲，以及引水治沙，有效阻隔了沙漠沙地合拢。库布齐以1/3沙漠绿化的成效，被联合国确定为"全球沙漠生态经济示范区"。黄河三角洲是世界暖温带保存最广阔、最完善、最年轻的湿地生态系统。在世界8条鸟类主要的迁徙通道中，黄河三角洲横跨其中2条，是东北亚内陆和环西太平洋地区鸟类迁徙的重要中转站、栖息地和繁殖地。

2. 黄河是我国北方重要的水源地。黄河流经的区域，多处于干旱半干旱区域，水资源先天不足，年均降水量只有400多毫米。北方地区生产生活生态用水，都高度依赖黄河水，黄河以占全国2.6%的水资源，承担了12%的人口、15%的耕地、几十座大中城市和能源基地的供水任务。黄河的源头。每年有超过600亿立方米清水从这里流出，惠及下游20个省区市，为我国工业农业的发展和生态的改善奠定了坚实的水资源基础，维系着全国乃至亚洲水生态安全命脉，被誉为中华水塔。黄河还承担向流域外城市供水的任务，比如青岛、天津、北京、沧州等，农业方面承担向黄河下游两岸流域外的河南、山东等大型引黄灌区的灌溉供水任务。同时，还承担向白洋淀跨流域生态补水任务。

3. 黄河流域是我国重要的农业生产基地。黄河流域自远古以来就是我国农业经济开发的重点地区，小麦、棉花、油料、烟叶、牲畜等主要农牧产品在全国占有重要地位，粮食和肉类产量均占全国1/3左右。上游青藏高原和内蒙古高原，是我国主要的畜牧业基地；上游宁蒙河套平原、中游汾渭盆地、下游的黄淮海平原，都是我国主要的农业生产基地。流域内的河南、山东、内蒙古等省（区）是全国粮食生产核心区，有18个地市的53个县列入全国产粮大县的主产县。1949年以前，黄河流域的灌溉面积为1200万亩，到2018年已增至1.26亿亩，70年的时间增长了9倍，占全国灌溉面积的12%。

4. 黄河流域是我国重要的能源基地。黄河流域矿产资源非常丰富，国家规划建设的五大重点能源基地中，有 3 个位于黄河流域，能源、原材料行业仍是流域各省（区）国民经济发展的重点产业，在全国能源和原材料供应方面占有重要的战略地位。黄河流域石油、煤炭等能源储量几乎占了全国能源储量的一半以上。黄河流域水、风、光资源丰富，是我国重要的清洁能源供应基地。黄河水力资源可开发装机容量近 3500 万千瓦，居全国七大江河中的第二位。

5. 黄河流域是中华文明的重要发祥地。习近平总书记强调，"黄河文化是中华文明的重要组成部分，是中华民族的根和魂"。黄河流域孕育了灿烂的中华文明，深刻影响着中华民族的价值认同和文明取向。以黄河文化为代表的中华文明，成为世界唯一延续至今的古老文明。这一流域的河湟文化、关中文化、河洛文化、齐鲁文化各放异彩。在我国 5000 多年文明史上，黄河流域有 3000 多年是全国政治、经济、文化中心，分布着西安、洛阳、开封等古都；五岳中的华山、恒山、嵩山、泰山四座山脉均处于黄河流域；龙门石窟、云冈石窟、麦积山石窟等著名石窟，也都分布在黄河流域。到了现代，以延安、吕梁、沂蒙为代表，太行山、吕梁山、黄河沿线等地以及晋冀鲁豫边区保留了大量红色文化遗址。

（二）黄河流域生态保护和高质量发展的基本方略

习近平总书记强调，要坚持绿水青山就是金山银山的理念，坚持生态优先、绿色发展，以水而定、量水而行，因地制宜、分类施策，上下游、干支流、左右岸统筹谋划，共同抓好大保护，协同推进大治理，这为推动黄河流域生态保护和高质量发展确立了新的发展方略。

1. 坚持生态优先、绿色发展。生态优先、绿色发展，是建设黄河生态屏障的必然要求，是摆脱资源约束和环境承载力约束的迫切需要，是提高区域竞争力的现实需要，是提高人民福祉的内在要求。在推动黄河流域生态保护和高质量发展过程中，要牢固树立绿水青山就是金山银山的理念，顺应自然、尊重规律，从过度干预、过度利用向自然修复、休养生息转变，改变黄河流域生态脆弱现状，优化国土空间开发格局，调整区域产业布局，发展新兴产业，推动清洁生产，坚定走绿色、可持续的高质量发展之路。

山东东营黄河三角洲自然保护区　　　　图片来源：青岛海洋发展网

2. 坚持量水而行、节水优先。黄河流域是全流域资源型缺水地区，人均水资源占有量仅有 383 立方米，约为全国的 18.5%。经济发展、人民生活与生态保护"争水"矛盾十分突出，水资源、水环境、水生态、水安全问题相互交织。可以说，黄河流域兴于水、"病"也在于水。在推动黄河流域生态保护和高质量发展过程中，要把水资源作为最大的刚性约束，坚持以水定城、以水定地、以水定人、以水定产，合理规划人口、城市和产业发展；统筹优化生产生活生态用水结构，深化用水制度改革，用市场手段倒逼水资源节约集约利用，推动用水方式由粗放低效向节约集约转变。

3. 坚持因地制宜、分类施策。黄河流域上中下游不同地区自然条件千差万别，生态建设重点各有不同，在推动黄河流域生态保护和高质量发展过程中，要提高政策和工程措施的针对性、有效性，分区分类推进保护和治理；从各地实际出发，宜粮则粮、宜农则农、宜工则工、宜商则商，做强粮食和能源基地，因地施策促进特色产业发展，培育经济增长极，打造开放通道枢纽，带动全流域高质量发展。

4. 坚持统筹谋划、协同推进。推动黄河流域生态保护和高质量发展是一项复杂的系统工程，新老问题、新旧矛盾叠加交织，只有运用科学方法统筹谋划，整合调动各方力量协同推进，黄河流域生态保护和高质量发展才能向着既定目标乘势而进。在推进过程中，要立足于全流域和生态系统的整体性，共同抓好大保护，协同推进大治理，统筹谋划上中下游、干流支流、左右两岸的保护和治理，统筹推进堤防建设、河道整治、滩区治理、生态修复等重大工程，统筹水资源分配利用与产业布局、城市建设等。

（三）黄河流域生态保护和高质量发展的目标方向

习近平总书记多次就推动黄河流域生态保护和高质量发展作出重要论述，从生态环境、灾害治理、水资源配置、经济产业、黄河文化、人民群众生活等方面，指明了黄河流域生态保护和高质量发展的目标方向。

1. 黄河流域生态环境明显改善。黄河是连接青藏高原、黄土高原、华北平原和渤海的天然生态廊道，是事关中华民族生存发展的重要安全屏障。黄河流域生态系统脆弱，人为活动与资源环境矛盾尖锐，一旦破坏恢复难度极大，需要付出几倍、几十倍的代价。面对黄河流域生态保护的严峻形势，要解决黄河流域生态破坏和环境污染问题，必须加强综合治理，初步形成系统完整、上中下游功能互补的全流域生态保护格局，综合提升上游"中华水塔"水源涵养能力、中游水土保持水平和下游湿地等生态系统稳定性，进一步加强生态功能，进一步提升生态环境保护和治理能力，加快构建坚实稳固、支撑有力的国家生态安全屏障。

2. 流域治理水平不断提高。黄河是世界范围内泥沙含量最高、洪涝灾害风险最大的河流之一，从先秦到 20 世纪 40 年代"三年两决口、百年一改道"，加之历史上多次"以水代兵"等人为破坏，给中华民族带来深重灾难。随着流域生态系统出现新变化，入黄河的泥沙量大幅减少，水沙关系进入历史上少见的"水少沙少"时期，对防范洪涝灾害带来新的风险挑战和未知影响。要消除洪水威胁，彻底解决水沙关系不协调、下游泥沙淤积、河道摆动、"地上悬河"等老问题，必须大力提升防洪能力，逐步建立干支流协同、水沙一体化调控的现代化防灾减灾体系，持续加强水沙调控能力，着力防范水之害、破除水之弊、大兴水之利、彰显水之善，为重点流域治理提供经验和借鉴，开创大江大河治理新局面。

延伸阅读

黄河流域水土流失面积和强度实现"双下降"

根据《黄河流域水土保持公报（2020 年）》，经过多年治理，黄河流域水土流失面积和强度实现"双下降"，生态环境持续向好，水土流失严重的状况明显好转。

2020 年黄河流域水土流失面积 26.27 万平方千米，其中水力侵蚀面积 19.14 万平方千米，风力侵蚀面积 7.13 万平方千米。黄土高原水土流失面积 23.42 万平方千米，占黄河流域的 89.15%。与 1990 年国务院第一次全国土壤侵蚀遥感调查结果相比，2020 年黄河流域水土流失面积减少 20.23 万平方千米，减幅 43.51%。

截至 2020 年底，黄河流域累计初步治理水土流失面积 25.24 万平方千米，其中修建梯田 608.02 万公顷、营造水土保持林 1263.54 万公顷、种草 234.30 万公顷、封禁治理 418.35 万公顷；累计建成淤地坝 5.81 万座，其中大型坝 5858 座，中型淤地坝 1.2 万座，小型淤地坝 4.03 万座。黄河流域水土保持率从 1990 年的 41.49%、1999 年的 46.33%，提高到 2020 年的 66.94%，其中黄土高原地区水土保持率 63.44%。

资料来源：新华社，2022 年 1 月 30 日。

3. 水资源节约集约利用水平显著提升。黄河承担着向沿黄河省区和流域外供水的重要任务，有效保障了人民群众生活和工农业生产，是我国西北、华北地区的生命线，但水资源短缺是黄河流域面临的最大问题。要解决水资源严重短缺问题，必须按照"四水四定"要求，把水资源作为最大的刚性约束，坚决遏制违规取水用水，不断改善黄河流域人水关系，逐步形成全社会节水生产生活方式，实现水资源保障能力与经济社会发展基本匹配。

4. 全流域实现高质量发展。习近平总书记明确要求，黄河流域要在高质量发展上迈出坚实步伐。沿黄省区产业结构总体偏重，部分地区"一煤独大""一油独大"问题突出，产业呈现高碳型、重化工型特征。沿黄河主要城市和城市群高质量发展水平与长江流域相比存在较大差距，在新一轮科技和产业变革中处于劣势。要补齐高质量发展不充分短板，解决产业倚能倚重、低质低效等问题，必须加快优化经济结构，持续巩固粮食和能源保障地位，推动传统产业转型发展，强化新兴产业对经济的贡献能力，增强中心城市带动作用，促进城乡区域协调发展取得明显成效，夯实流域高质量发展基础，为流域经济、欠发达地区新旧动能转换提供路径，为促进全国经济高质量发展提供支撑。

5. 黄河文化影响力显著扩大。黄河文化历史悠久，源远流长，蕴含着众多的历史记忆与价值理念，融汇成中华文明的精髓。但黄河文化存在文化遗产系统保护力度不足、精神内涵深入挖掘不够等问题。要解决这些问题，必须不断改善文物发掘保护条件，切实加强黄河流域文化遗产资源的保护，通过对黄河文化的创造性转化和创新性发展，充分展现中华优秀传统文化的独特魅力、革命文化的丰富内涵、社会主义先进文化的时代价值。

6. 人民群众生活显著改善。2021年，我国脱贫攻坚战取得了全面胜利，但黄河流域脱贫人口和区域返贫风险较大，巩固脱贫攻坚成果的任务依然艰巨。在黄河流域9个省区中，只有山东省的农村居民人均可支配收入高于全国平均水平，其余8个省区农村居民人均可支配收入都低于全国平均水平。要补强民生发展不足这一最大弱项，必须进一步提高基本公共服务保障能力，极大改善革命老区、少数民族地区、相对贫困地区等特殊类型地区和滩区居民生产生活条件，明显提升基本公共服务水平，使黄河流域人民群众生活更为宽裕，获得感、幸福感、安全感显著增强。

（四）黄河流域生态保护和高质量发展的宏伟蓝图

习近平总书记强调，"十四五"是推动黄河流域生态保护和高质量发展的关键时期，要抓好重大任务贯彻落实，力争尽快见到新气象。习近平总书记的要求，深刻指明了今后一个时期黄河流域生态保护和高质量发展的战略任务、重要举措，全面擘画了未来发展的宏伟蓝图。

1. 将保护生态环境放到首要位置。习近平总书记指出，黄河生态系统是一个有机整体，要充分考虑上中下游的差异。在推进黄河流域生态环境保护过程中，要注重跨区域协同治理，强化上下游系统保护、左右岸全面恢复、干支流综合治理，提升生态系统稳定性和质量，让黄河充分休养生息，永葆活力。黄河的水来自上游，泥沙来自中游，灾害主要发生在下游，这也使得黄河流域上中下游区域生态保护重点不同。为此，应充分考虑上中下游区域的差异性，进行分区、分片、分类治理。

延伸阅读

黄河流域不同地区生态环境保护重点

黄河上游地区承担着水源涵养生态功能，要以维护天然生态系统完整性为重点，深入实施三江源、祁连山等重点生态保护工程，推进天然林保护、湿地保护修复、沙化土地植被修复等，一体化保护高原高寒地区独有生态系统，有序实行休养生息制度，形成人与自然和谐发展的现代化建设新格局。

黄河中游地区面临水土流失和环境污染问题，一方面要推进水土流失综合治理、退耕还林还草以保持水土，加强荒漠化防治，加固水利工程；另一方面要减排主要污染物，淘汰工业企业落后产能和压减过剩产能，促进农业合理使用化肥农药。

黄河下游地区是人类经济活动高强度区，生态系统退化严重，要实施好环境污染综合治理工程，围绕滩区治理、洪涝旱碱治理以及黄河三角洲湿地保护等相互关联的生态工程，加强河道和滩区环境综合治理，进行生态修复和重建，提高河口三角洲生物多样性，保障黄河防洪安全和经济可持续发展。

资料来源：《光明日报》2021年10月29日。

---

2. 紧紧抓住水沙关系调节这个"牛鼻子"。习近平总书记指出，治理黄河，重在保护，要在治理。要保障黄河长久安澜，必须紧紧抓住水沙关系调节这个"牛鼻子"。要立足防大汛、抗大灾，

强化防御大洪水意识，针对防汛救灾暴露出的薄弱环节，迅速查漏补缺，补好灾害预警监测短板，补好防灾基础设施短板。要加强城市防洪排涝体系建设，完善水沙调控机制，构建安全可靠的防洪减灾体系，实施河道和滩区综合提升治理工程，确保黄河沿岸安全。

3. 坚决打好深度节水控水攻坚战。习近平总书记指出，黄河水资源量就这么多，搞生态建设要用水，发展经济、吃饭过日子也离不开水，不能把水当作无限供给的资源。沿黄各省区应把水资源作为最大的刚性约束，坚持"四水四定"，合理规划人口、城市和产业发展，提升水资源利用效率，走好水安全有效保障、水资源高效利用、水生态明显改善的集约节约发展之路。

4. 开辟黄河流域高质量发展新路径。绿色成为普遍形态，是实现高质量发展的内在要求。沿黄各省区必须坚定走绿色、可持续的高质量发展之路。要根据不同地区的主体功能、资源禀赋和产业基础，按照客观经济规律调整完善区域政策体系，明确上中下游保护治理和发展的重点方向和优先领域，发挥各地区比较优势，加快构建高质量发展的动力系统。全流域要提高与沿海、沿长江地区互联互通水平，积极参与共建"一带一路"，提高对外开放水平，以开放促改革、促发展。

延伸阅读

推动长江流域高质量发展的五条经验

一是必须牢牢把握正确方向。坚定不移以习近平总书记重要讲话和指示精神武装头脑、指导实践、推动工作，深入践行绿水青山就是金山银山理念，把推进长江大保护作为政治任务抓牢抓实抓出成效。

二是必须坚持问题导向。从"挖病根、找病因"着手，直面矛盾问题，敢于较真碰硬，扭住不放，一抓到底，以问题整改促保护、促发展，倒逼整个长江经济带生态环境保护修复和高质量发展。

三是必须强化系统思维。把整个流域作为一个完整系统，综合考虑山水林田湖草等生态要素，科学运用中医整体观，强化源头治理、综合治理、系统治理，不断增强各项措施的关联性和耦合性，从而达到对症下药、药到病除的效果。

四是必须推动改革创新。坚决摒弃以牺牲和破坏环境为代价的粗放发展方式，加快形成节约资源和保护环境的空间格局、产业结构、生产方式、生活方式，培育发展新动能，推动长江经济带实现质量变革、效率变革、动力变革。

五是必须狠抓工作落实。沿江省市和各部门密切协作，以抓铁有痕、踏石留印的严实作风和功成不必在我、功成必定有我的担当精神，一个问题接着一个问题解决，一项任务接着一项任务推进，抓一件成一件，积小胜为大胜。

资料来源：人民网，2021年1月5日。

5. 为中华民族伟大复兴凝聚精神力量。黄河文化是中华文明的重要组成部分，要突出黄河文化是中华民族的根和魂的定位，保护好、传承好、弘扬好黄河文化。要加强对黄河文化遗产的系统保护，推进黄河文化资源活化利用，充分挖掘黄河文化蕴含的时代价值，促进文旅融合发展，讲好"黄河故事"，延续历史文脉，坚定文化自信，为实现中华民族伟大复兴的中国梦凝聚精神力量。

保护黄河是事关中华民族伟大复兴的千秋大计

习近平总书记指出，保护黄河是事关中华民族伟大复兴的千秋大计。黄河东西地跨 9 省区，绵延 5464 公里，流域面积超过 130 万平方公里，横亘祖国的中北方。黄河流域是我国重要的生态屏障和重要的经济地带，在我国经济社会发展和生态安全方面具有十分重要的地位。推动黄河流域生态保护和高质量发展，是继往开来的长期战略任务，对于保障黄河长久安澜、全面建设社会主义现代化国家具有重大战略意义和深远历史意义。

（一）关乎我国经济社会发展大局

保护好黄河流域生态环境，促进沿黄地区经济高质量发展，是贯彻生态文明思想，建设美丽中国的迫切需要；是构建新发展格局，促进高质量发展的战略需要；是彰显文化软实力，增强文化自信的时代需要；是实现人民对美好生活的向往，推进共同富裕的内在需要。

1.贯彻生态文明思想，建设美丽中国的迫切需要。生态兴则文明兴，生态衰则文明衰。把黄河流域生态保护和高质量发展确定为重大国家战略，充分体现了以习近平同志为核心的党中央对中华民族伟大复兴的战略考量、对子孙后代赓续发展的历史担当、对保障国家生态安全的深思熟虑。

延伸阅读

山东盯住重点区域，全力打造"生态廊道"

黄河流域最大的问题是生态脆弱。大力推进生态环境保护治理，下游的主要任务是推进湿地保护和生态治理。省政府工作报告提出，全面建设黄河下游生态廊道。按照规划，当前山东正统筹开展黄河三角洲保护修复、重点区域生态治理、沿黄生态保护带打造等工作，将全力创建黄河口国家公园，加快编制黄河三角洲国家级自然保护区生态保护与修复规划，促进黄河入海口生态环境改善。山东将在黄河三角洲开展互花米草治理、盐地碱蓬和海草床修复等工程，组织实施"中国典型河口生物多样性保护修复和保护区网络化示范项目"、沂蒙山区域山水林田湖草沙一体化保护和修复国家试点工程等试点示范项目，全力构筑黄河下游生态安全屏障。

资料来源：《大众日报》2022年1月25日。

2. 构建新发展格局，促进高质量发展的战略需要。黄河流域是我国重要的经济地带，既是农业和畜牧业基地，也是能源、化工、原材料和基础工业基地，在全国经济社会发展中具有重要的战略地位。推动黄河流域生态保护和高质量发展，从战略层面上将黄河流域提升到新的高度，有助于推动各地区加强协调合作，构建各具特色、各就其位、协同联动、有机互促的发展格局；有助于健全完整畅通的内需体系，释放巨大的市场待开发空间和消费潜能，借助

"一带一路"，有效推动黄河流域开放协作和陆海港口联动，构建东西双向互济、陆海内外联动的开放发展格局，建设更高水平的开放型经济；有助于相关省区调整优化产业结构，激发科技创新潜力，摆脱对能源需求、重化工业等的路径依赖，推动制造业高质量发展和资源型产业转型，建设特色优势现代产业体系，加快实现黄河流域经济社会高质量发展。

3. 彰显文化软实力，增强文化自信的时代需要。习近平总书记指出，黄河文化是中华文明的重要组成部分，是中华民族的根和魂。推动黄河流域生态保护和高质量发展，有利于深入挖掘黄河文化蕴含的时代价值，讲好"黄河故事"，延续历史文脉，坚定文化自信，为实现中华民族伟大复兴的中国梦凝聚精神力量；有利于黄河文化遗产的系统保护，文化价值的深度挖掘，历史文脉的继承延续，推进黄河文化创造性转化、创新性发展，提高文化引领力和文化软实力；有利于推动黄河文化与其他优秀文化融合发展，以高度的文化自信共同搭建文明交流互鉴平台，推动黄河文化走向世界，把黄河文化打造成展示中华文明的亮丽名片。

4. 实现人民对美好生活的向往，推进共同富裕的内在需要。习近平总书记指出，中国共产党人的初心和使命，就是为中国人民谋幸福，为中华民族谋复兴。推动黄河流域生态保护和高质量发展，有助于发挥黄河流域横跨北方多个省区的优势，打造一条资源高效利用和生态持续改善的绿色高质量发展示范带，促进全国区域经济协调和高质量发展，遏制南北经济发展差距扩大的趋势；有利于沿黄各地区立足发展实际和发展基础，强化东西部协作、对口支援、定点帮扶，协同增进民生福祉，加快实现共同富裕；有利于维护民族团结，促进中华民族大家庭繁荣稳定发展。

（二）事关新时代社会主义现代化强省建设

习近平总书记对山东贯彻落实黄河国家战略寄予厚望，要求发挥山东半岛城市群龙头作用，推动沿黄地区中心城市及城市群高质量发展。作为黄河流域最便捷的出海口，山东经济实力强、产业基础好、集聚人口多、发展潜力大，南北连接京津冀、长三角两大世界级城市群，东西贯通黄河流域广阔腹地，是黄河流域经济高质量发展的重要承载区域，推动黄河流域生态保护和高质量发展，对山东建设新时代社会主义现代化强省意义重大。

1. 探索大河三角洲保护新模式，提升黄河生态系统功能。习近平总书记指出："下游的黄河三角洲是我国暖温带最完整的湿地生态系统，要做好保护工作，促进河流生态系统健康，提高生物多样性。"黄河流域湿地面积为 392.92 万公顷，湿地率为 4.88%，其中，黄河三角洲湿地是黄河流域生态保护的重要节点，在黄河生态安全方面

黄河三角洲掠影 图片来源：大众日报

具有十分重要的地位。落实好黄河流域生态保护和高质量发展战略，有利于加强黄河下游生态保护修复和环境综合治理，完善防洪减灾体系，推进水资源节约集约利用，保护黄河三角洲生态安全，提高生物多样性，维护我国暖温带最完整的湿地生态系统。

2. 加快推进新旧动能转换，培育黄河流域高质量发展增长极。习近平总书记要求山东，尽快让"十强"产业落地生根，推动新旧动能转换，切实把新发展理念落到实处。国家黄河流域生态保护和高质量发展规划明确要求，要加快新旧动能转换，建设特色优势现代产业体系，推进新旧动能转换综合试验区建设，支持济南建设新旧动能转换起步区。落实好黄河流域生态保护和高质量发展战略，有利于山东按照坚决淘汰落后动能、坚决改造提升传统动能、坚决培育壮大新动能的要求，打造先进制造业高地和新兴产业发展策源地，强化新动能引领作用，服务构建新发展格局，辐射带动黄河流域高质量发展。

延伸阅读

济南新旧动能转换起步区昂起龙头，打造高质量发展标杆

实施好黄河国家战略，生态保护是"先手棋"，高质量发展是"必答题"。打造沿黄高质量发展标杆，必须充分发挥山东半岛城市群龙头作用，推动"一群两心三圈"协同发展。

"何谓标杆？对于济南新旧动能转换起步区来说，就是要建设高标准规划、高效能服务、高端产业集聚的一流开放创新载体。"2021年，起步区签约落地30多个高端优质项目，总投

资 759.6 亿元，黄河济泺路隧道、凤凰黄河大桥建成通车，黄河体育中心、黄河会展中心、黄河大道等重点工程强力推进，发展活力加速释放，进入全面起势的新阶段。

围绕"三高"目标谋划发展，起步区将着眼千秋大计、城市精品，推动规划编制提档升级，持续深化"新区特办"机制，打造最优营商环境。同时，瞄准新一代信息技术、智能制造与高端装备、新能源新材料为主体，现代服务业为支撑的"3+1"产业方向，加快引进一批大项目好项目，努力在黄河流域生态保护和高质量发展上走在前、作示范。

资料来源：《大众日报》2022 年 1 月 25 日。

3. 发挥山东半岛城市群龙头作用，开创区域协调发展新局面。中央财经委员会第六次会议强调，发挥山东半岛城市群龙头作用，推动沿黄地区中心城市及城市群高质量发展。国家黄河流域生态保护和高质量发展规划明确要求，构建形成黄河流域"一轴两区五极"的发展动力格局，其中，山东半岛城市群作为"五极"之一，在全流域高质量发展中具有关键作用。落实好黄河流域生态保护和高质量发展战略，有利于加快完善快速交通体系，强化城市间分工协作，提升济南、青岛中心城市能级，推动省会、胶东、鲁南经济圈一体化发展，促进全流域中心城市和城市群融合互动，凝聚黄河流域高质量发展动力。

4. 激发陆海统筹发展潜力，打造黄河流域对外开放新高地。黄河流域人口众多，产业体系完备，拥有庞大的消费市场和生产能力，但物流运输基本依靠公路和航空，缺乏便捷的出海通道，亟须沿黄九省区协调联动，共建一条沿黄达海的便捷大通道。山东是黄河流域最便捷的出海口，同时担负着世界一流海洋港口的使命，亟须向内陆拓展腹地空间，构建沿黄省份便捷出海大通道。落实好黄河流域生态保护和高质量发展战略，有利于主动融入国家对外开放大局，充分发挥黄河流域最便捷出海口优势，放大中国（山东）自由贸易试验区、中国—上海合作组织地方经贸合作示范区等高能级开放平台效应，加快构筑东联日韩、西接亚欧的国际物流大通道，推动形成陆海统筹、内外联动、东西互济的对外开放新格局。

5. 保护传承弘扬齐鲁文化，奏响新时代"黄河大合唱"。山东是黄河文化繁荣兴盛的主要阵地，在漫长的历史进程中，黄河文化在齐鲁大地衍生出了多姿多彩的文化，包括农耕文化、治黄文化、移民文化、农垦文化、航运文化、生态文化、民俗文化、红色文化等，是展现黄河文化多样性最具代表性的区域之一。落实好黄河流域生态保护和高质量发展战略，有利于深化与沿黄地区文化交流合作，保护和挖掘整理黄河文化资源，以黄河文化为引领，统筹推动儒家文化、泰山文化、齐文化、海洋文化、大运河文化、红色文化等创新融合发展，提升齐鲁文化软实力，促进中华文明和世界文明交流互鉴。

三 山东是黄河流域生态保护和高质量发展的主力军

黄河流域生态保护和高质量发展，是党中央、国务院赋予山东的重大政治责任，也是山东千载难逢的重大发展机遇。山东应牢牢把握历史机遇，立足发展基础，找准问题短板，发挥比较优势，在服务重大国家战略中体现山东担当，展现山东作为。

（一）山东推动黄河流域生态保护和高质量发展的比较优势

山东是黄河流域经济最发达的省份，是黄河流域唯一河海交汇区，是下游生态保护和防洪减灾的主战场，在动能转换、对外开放、文化传承等领域独具优势。

1.战略地位重要。山东是新亚欧大陆桥桥头堡和东北亚经济圈重要组成部分，是连接京津冀与长江三角洲地区的桥梁纽带，是我国由南向北扩大开放、由东向西梯度发展的战略节点，是黄河流域最便捷出海通道，在黄河流域生态保护和高质量发展、"一带一路"建设等重大国家战略格局中具有重要地位。

黄河滩区社区搬迁前后情况对比　　　　　　　　　图片来源：大众网

2. 生态功能突出。山东海陆兼备、河海湖相连，黄河三角洲是我国暖温带最完整的湿地生态系统，对维护黄河下游和黄渤海生态安全十分重要。沿黄地区湿地面积 120 万公顷，占全省 70%，是我国暖温带最年轻、最广阔、保存最完整的湿地生态系统；森林面积 113 万公顷，占全省 40%，有三成以上的城市森林覆盖率超过 20%，济南、淄博、济宁、泰安、聊城 5 市成功创建"国家森林城市"；拥有国家级、省级自然保护地 248 个，面积 9714 平方公里，类型丰富，布局相对集中，对黄河流域生态文明建设具有十分重要的生态价值。泰山、沂山等鲁中南山地生物多样性丰富。

3. 资源禀赋良好。黄河在山东境内的河道长 628 公里，流域面积 1.36 万平方公里，多年平均降水量 691.5 毫米，自产水资源量 16.7 亿立方米。山东是国家重要粮仓和农产品生产基地，粮食产量居全国第 3 位，蔬菜、水果、花生、畜禽产品、水产品等产量居全国前列。矿产资源富集，是全国重要的能源基地。海岸线长 3345 公里，约占全国 1/6，海域面积 15.95 万平方公里，沿海港口年吞吐量达到 16 亿吨。

4. 龙头作用凸显。山东半岛城市群是黄河流域发展动力格局"五极"之一，地区生产总值、常住人口总量、社会消费品零售总额、进出口总额、规模以上工业营业收入、财政收入等分别为 73129.0 亿元、10165.0 万人、29248.0 亿元、32021.0 亿元、29628.0 亿元和 6559.9 亿元，分别占黄河流域的 28.8%、24.1%、29.4%、50.5%、35.2% 和 28.3%，均居沿黄省区首位，陆海统筹、产业发展、乡村振兴、科教文化等综合优势突出，辐射带动作用明显。山东是全国唯一的新旧动能转换综合试验区，探索形成了科学有效的动能转换路径。"十强"现代优势产业集群不断壮大,"四新"经济占比达到31.7%,高新技术产业产值占工业总产值比重超过46%,服务业对经济增长的贡献率为78.2%,市场主体突破1350万户,区域综合创新能力位居全国前列。

5. 文化底蕴深厚。山东是中华文明重要发祥地之一和儒家文化发源地,黄河沿岸文化遗产丰富,文物古迹众多,拥有曲阜"三孔"、泰山、大运河、齐长城等世界文化遗产,联合国教科文组织认定的"人类非遗代表作名录"项目3个,国家级名录89项,省级名录343项,现有国家级传承人61名,省级传承人246名,有5个省级文化生态保护实验区,是展现黄河文化多样性的代表区域。

(二)山东推动黄河流域生态保护和高质量发展的实践成效

黄河战略实施两年来,山东上下深入贯彻落实习近平总书记关于黄河流域生态保护和高质量发展的重要讲话、重要指示精神,充分发挥山东半岛城市群龙头作用,坚持统筹协调、融合发展,立足当前、着眼长远,把国家战略部署与山东实际紧密结合,主动谋划作为,取得明显成效。

1. 坚持统筹谋划,着力推进黄河战略落地实施。紧扣生态保护和高质量发展两个关键,发挥动能转换、对外开放、陆海统筹、区域协调等方面优势,明确任务目标,科学精准发力,加快谋划推进黄河战略各项工作。山东成立了省委、省政府主要负责同志任组长的省推进黄河流域生态保护和高质量发展领导小组,各级各部门坚持一把手直接抓,构建形成"省负总责、市县抓落实"的工作推进机制。编制了省黄河流域生态保护和高质量发展规划以及生态环保、国土空间、水利建设、黄河三角洲保护等 9 个专项规划，构建形成"1+N+X"规划政策体系。建立黄河战略省级重点项目库，举行沿黄 9 市一体打造黄河下游绿色生态走廊暨生态保护重点项目开工活动，召开全省黄河流域生态保护和高质量发展现场推进会，发行全国首单黄河流域高质量发展专项债券、黄河流域生态环保专项债券。主动与沿黄 8 省区会商确定了 7 个领域、102 个跨省合作事项。搭建黄河流域合作互联网共享服务平台（区域链 App），线上推介 5000 多个园区和项目。创新"陆海联动、海铁直运"内陆港物流监管模式，建设内陆港 19 个，初步形成覆盖山东、辐射黄河流域的港站一体化发展格局。

2. 坚持生态优先，着力强化生态保护修复。山东贯彻落实

山东举行沿黄九市一体打造黄河下游绿色生态走廊暨生态保护重点项目集中开工活动。

图片来源：大众日报

习近平总书记关于黄河三角洲保护的指示要求，将生态保护作为首要责任，打造具有山东特色的黄河下游绿色生态屏障。实施黄河三角洲湿地生态补水，2020 至 2021 年累计向黄河三角洲现行流路（清水沟流路）湿地和备用流路（刁口河流路）湿地补水 4.21 亿立方米，年均补水量较前 10 年平均值增加了 3 倍多。编制完成《黄河口国家公园总体规划》，整合优化黄河三角洲国家级自然保护区、黄河口国家森林公园等 8 处自然保护地。实施湿地生态保护修复、互花米草治理等生态修复项目，持续开展"绿盾"自然保护地监督检查专项行动，分类整改黄河三角洲自然保护区内油田生产活动。沿黄 9 市划定陆域红线面积 0.63 万平方公里，约占陆域总面积的 7.5%；因地制宜建设沿黄防护林工程，初步形成了集防洪保障、防汛抢险、生态景观三位一体的黄河生态绿色廊道。实施东平湖、南四湖、泰山区域等沿黄重点区域生态治理，印发《东平湖生态保护和高质量发展专项规划》，编制《南四湖生态保护和高质量发展专项规划》，巩固提升泰山区域山水林田湖草生态保护修复工程，泰山区域生态环境质量大幅提升。

3. 坚持重在治理，着力改善流域环境质量。坚持"绿水青山就是金山银山"理念，以沿黄地区河湖为重点，统筹推动水污染治理，深入推进污染治理一体化，坚决打好蓝天、碧水、净土保卫战，不断改善黄河流域环境质量。实施《黄河流域生态环境突出问题大排查大整治专项行动方案》，聚焦 10 个移交问题和警示片反映的违规取水用水等 4 个方面，提出 31 条排查措施；强化重点入黄支流监管，督导沿黄各市深化源头污染防治，率先开展省级层面全覆盖式的入河排污（水）口排查，加快城市污水处理厂建设，推进建制镇污水处理设施和配套管网建设，加大农村生活污水治理力度，持续推进化肥农药减量和土壤改良修复；实施《关于建立流域横向生态补偿机制的指导意见》和《建立流域横向生态补偿机制实施办法》，所有跨市、县断面已全部签署补偿协议，实现省内县际流域横向生态补偿全覆盖；制定落实燃煤机组超低排放改造、工业炉窑综合治理、挥发性有机物综合整治等重点领域污染治理措施，实施细颗粒物和臭氧协同治理，协调推进工业源、扬尘源、移动源污染整治。

4. 坚持量水而行，着力提高水资源管理水平。把水资源作为最大的刚性约束，实施最严格的水资源保护利用制度，坚定不移落实"四水四定"，让有限的黄河水资源发挥最大效益。制定《山东省节约用水条例》，健全节水标准体系，深入实施水资源消耗总量与强度双控行动，连续6年在国家考核中获优秀等级；在全国率先出台《工业园区规划水资源论证技术导则》，推动重大建设项目和产业聚集区水资源论证全覆盖。编制山东黄河取水口监测计量体系建设实施方案，黄河干流山东段全部实现取用水闸监测计量；出台落实和完善节水激励政策的意见，建立节约集约用水促进机制。制定落实国家节水行动实施方案，推进工业节水先进工艺、技术、装备的研发及推广应用，2020年全省万元GDP用水量、万元工业增加值用水量分别比2015年下降21.7%和13.6%，用水效率保持全国领先水平，农业连续18年增产增效不增水。开展"深化清违整治、构建无违河湖"专项行动，整治河湖违法问题8.5万余处，实现9800多条河流、5904个湖库全覆盖，黄河口海域和渤海湾生态环境质量明显改善。

5. 坚持综合防治，着力夯实防洪减灾体系。始终把治理黄河、保障黄河安澜和长治久安作为重大政治任务，紧盯"二级悬河"突出问题短板，强化综合性防洪减灾体系建设，构筑保障沿黄人民生命财产安全的稳固防线。推动黄河下游"十四五"防洪工程、黄河下游引黄涵闸改建工程以及黄河下游防洪工程安全监控系统等重点项目建设，黄河济南段堤防、河道整治、分滞洪工程防洪体系基本形成，成为全国首个"鲁班奖"堤防工程；基本完成流域面积3000平方公里以上骨干河道重点河段防洪治理任务和黄河下游及东平湖蓄滞洪区防洪工程。加强防汛抗旱应急能力建设，优化落实全员防汛责任制，编制防御超标准洪水预案，实现了黄河干流最大流量来水安全入海，全力防御"烟花"等强台风，确保黄河、东平湖防洪安全。

黄河济南段标准化堤防   图片来源：齐鲁网

6. 坚持转型升级，着力推动高质量发展。山东坚决贯彻习近平总书记重要指示要求，坚持"腾笼换鸟、凤凰涅槃"，加快推进新旧动能转换重大工程，奋力在高质量发展上蹚出新路。新旧动能转换"三年初见成效"如期实现，"五年取得突破"19 项规划指标中"四新"经济占比等 7 项已提前完成。积极构建特色优势产业体系。聚焦九大产业、42 条重点产业链，健全完善"链长制"工作机制；培育壮大"雁阵形"新材料产业集群和领军企业，先后认定 9 个"雁阵形"产业集群和 15 个集群领军企业。与黄委黄河水利科学研究院共建国家级黄河三角洲生态保护和高质量发展研究中心，实施智慧黄河三角洲大数据平台建设；在黄河三角洲农高区布局国家盐碱地综合利用技术创新中心等高端研发平台，成功繁育 200 余种耐盐碱地新品种，建成食药同源植物等一批种质资源库。

7. 坚持塑强优势，着力发挥山东半岛城市群龙头作用。山东立足自身优势，充分发挥山东半岛城市群龙头作用，努力提升山东半岛城市群一体化、现代化、国际化水平。出台山东半岛城市群发展规划，谋划确立"一群两心三圈"发展格局；积极融入黄河流域"一字型"东西向综合交通大通道，加快建设集高速铁路、高速公路、港口航运、航空运输、城际铁路、城市轨道交通于一体的沿黄达海现代交通运输体系，带动黄河流域深度参与共建"一带一路"；着力加快推进黄河流域综合交通网络建设。2018 年以来，沿黄 9 市公路总里程年均增长 5000 公里，占全省里程比重提升至57%；高速公路增长 1000 公里，占全省里程比重提升至 53%。

延伸阅读

发挥山东半岛城市群龙头作用："自强"和"共强"

发挥山东半岛城市群龙头作用，是国家战略要求。2020年1月，中央财经委员会第六次会议强调，发挥山东半岛城市群龙头作用，推动沿黄地区中心城市及城市群高质量发展。对接"龙头"定位，山东半岛城市群龙头建设既有"自强"也有"共强"。

"自强"方面，要持续提升核心城市能级。实施"强省会"战略，支持济南建设"大强美富通"现代化国际大都市，争创国家中心城市；支持青岛建设开放、现代、活力、时尚的国际大都市，建设全球海洋中心城市。加快三大经济圈融合一体发展。省会经济圈以济南为中心，重点加快推动济泰同城化、济淄同城化、济德同城化，打造全国数字经济高地、世界级产业基地、国际医养中心和国际文化旅游目的地；胶东经济圈以青岛为中心，重点加快推动青潍日、烟威一体化进程，协同建设具有世界先进水平的海洋科教人才中心，打造具有全球影响力的海洋创新中心、对外开放枢纽和黄河流域开放门户。

"共强"方面，要全方位对接黄河流域城市群，深化省会经济圈与郑州都市圈在产业发展、科技创新、市场开拓等方面合作，支持胶东经济圈建立黄河流域城市陆海联动开放发展合作机制。共同谋划鲁豫对接通道建设，推动两省重大交通基础设施互联互通。支持菏泽、聊城等市与河南商丘、濮阳等市建设产业承接转移示范区，打造两省合作桥头堡，推动山东半岛城市群与中原城市群一体化发展。研究推进济南—郑州—西安数字同城化，建设黄河流域区域合作互联网共享服务平台。搭建与黄河"几"字弯都市圈对接平台，推动与兰州—西宁城市群、关中平原城市群优势互补、高效协同发展。

资料来源：《大众日报》2022年2月18日。

8. 坚持保护传承，着力谱写黄河文化山东篇章。山东深入挖掘黄河文化蕴含的时代价值，推动中华优秀传统文化创造性转化、创新性发展。建立健全文化遗产保护制度体系，出台省黄河沿线非遗保护传承弘扬专项规划等规划方案，组织实施可移动文物保护项目70个，一批珍贵濒危、材质脆弱的文物被优先抢救修复；积极推介治黄遗址遗存和黄河故道等文化遗产，系统整理挖掘治黄精神遗产和传统技术，编写出版《山东黄河水文化遗产辑录》。坚持用文艺的形式讲述新时代黄河故事、山东故事，用生动实践书写黄河故事山东篇章，涌现出《黄河入海》《大河开凌》等一批优秀作品，推进黄河流域主题博物馆建设，实施黄河非遗保护行动计划；整合完善黄河旅游产品体系，合理布局黄河精品旅游线路，打造"黄河入海""黄河天音"等品牌；加紧编制黄河国家文化公园（山东段）规划，成立山东黄河流域城市文化旅游联盟。

吕剧《大河开凌》剧照　　　　　图片来源：山东省文化和旅游厅

9. 坚持以人为本，着力提升人民群众生活水平。山东始终坚持以人民为中心的发展思想，扎扎实实把为民造福的事情办实办好。综合采用外迁、就地就近筑村台、筑堤保护、旧村台和临时撤离道路改造提升 5 种方式，加快推进黄河滩区居民迁建，累计投资 371 亿元，建成外迁社区、村台社区 55 个，统筹建设产业园区项目 44 个，配套建设 88 所学校幼儿园、56 个卫生室等公共服务设施，确保"搬得出、稳得住、能致富"。奋力打造乡村振兴齐鲁样板，沿黄 9 市划定粮食生产功能区 3478 万亩，占全省总量的 66.3%，全省 46 个总产 10 亿斤以上的产粮大县，有 36 个位于沿黄地区；沿黄 9 市有 10 个国家级特色农产品优势区，占全省总数的 59%。

（三）山东推动黄河流域生态保护和高质量发展的机遇挑战

以习近平同志为核心的党中央将黄河流域生态保护和高质量发展作为事关中华民族伟大复兴的千秋大计，推动黄河流域生态保护和高质量发展上升为重大国家战略，山东被赋予"充分发挥山东半岛城市群龙头作用，推动沿黄地区中心城市及城市群高质量发展""在推动黄河流域生态保护和高质量发展上走在前"等重任，这为山东落实国家战略提供了前所未有的历史机遇。

生态文明理念深入人心。当前，绿色发展深入推进，"绿水青山就是金山银山"理念成为共识，山东沿黄人民群众追求青山、碧水、蓝天、净土的愿望更加强烈，特别是全面加强生态文明建设、加强环境治理已经成为新形势下经济高质量发展的重要推动力，这给山东推动黄河流域生态保护和高质量发展带来新的历史机遇。

治理能力不断增强。改革开放 40 多年来，山东经济社会发展取得重大成就，综合实力显著增强，科技创新力大幅跃升，治理体系和治理能力现代化水平不断提高，为山东解决长期以来面临的防洪安全、水资源紧张、产业转型发展等问题提供了坚实支撑。

黄河流域东西双向开放前景广阔。黄河流域是"一带一路"的重要承载区，山东是 21 世纪海上丝绸之路的重要起点和重要枢纽。随着共建"一带一路"向纵深发展，黄河流域东西双向开放前景广阔，这为山东加快融入黄河流域东西双向开放格局带来极大契机。

制度保障基础稳固有力。党的十八大以来，在以习近平同志为核心的党中央坚强领导下，山东全面推进机构改革，职能深刻转变、持续优化，对促进经济社会持续发展发挥了重要作用，为落实黄河流域生态保护和高质量发展战略提供了稳固有力的制度保障。

但也要看到，黄河生态本底差，水资源十分短缺，水土流失严重，资源环境承载能力弱，山东在推动黄河流域生态保护和高质量发展上仍然面临着一些挑战。黄河三角洲生态脆弱，极易发生退化；水土流失较为严重，水生态环境问题依然突出；黄河下游槽高、滩低、堤根洼，"二级悬河"态势严峻；资源性缺水和工程性缺水并存，水资源时空分布不均，人均水资源占有量不足全国的六分之一；沿黄地区经济发展资源型、重化型特征较为明显，大多处于产业链条中低端，产业集中度不高；对黄河文化缺乏深入系统研究，文化遗产保护投入较少，活化利用形式单一，文化旅游融合力度不够；区域一体化内生动力不足，中心城市首位度不高，各地比较优势发挥不充分，产业发展互补性不强，城乡融合度不高。

（四）打造黄河流域生态保护和高质量发展先行区

在推动黄河流域生态保护和高质量发展上走在前，是习近平总书记和党中央、国务院交给山东光荣而重大的政治任务，更是山东义不容辞的光荣使命。必须牢固树立大局意识，强化使命担当，正确处理好保护和发展、发展和安全、当前和长远、全局和局部的关系，充分发挥山东半岛城市群龙头作用，主动服务和融入国家发展大局，在与沿黄省份"共同推进大保护、协同推进大治理"进程中，展现山东担当、作出更大贡献。

（一）在打造生态保护样板区上走在前

党的十八大以来，以习近平同志为核心的党中央把生态文明建设摆在全局工作的突出位置。为全面加强生态文明建设，一体治理山水林田湖草沙，开展了一系列根本性、开创性、长远性工作，其决心之大、力度之大、成效之大前所未有，生态文明建设从认识到实践都发生了历史性、转折性、全局性的变化。贯彻落实黄河流域生态保护和高质量发展要求，必须将生态保护修复摆在首要位置，坚定不移走生态优先、绿色发展之路。山东应把解决生态环境和自然资源领域突出问题作为主基调，把水资源集约节约利用放在更加突出的位置，把生态保护放在首要位置，构建以黄河口国家公园为主体、自然保护区为基础、各类自然公园为补充的自然保护地体系，推进以水定城、以水定地、以水定人、以水定产，坚决打好环境问题整治、深度节水控水、生态保护修复攻坚战，建设黄河下游绿色生态廊道。

黄河滨州段生态廊道 　　　　　　　　　　　图片来源：济南日报

（二）在打造黄河长久安澜示范带上走在前

"黄河宁，天下平。"黄河滋养着流域内亿万人民，但它也是中华民族的忧患之河，是世界上最为复杂难治的河流。扎实推进黄河大保护，确保黄河安澜，是治国理政的大事。新中国成立后，在中国共产党的坚强领导下，兴利除害、综合治理，灾难深重的黄河，70余年岁岁安澜、国泰民安。习近平总书记在2022年新年贺词中强调，"黄河安澜是中华儿女的千年期盼"。守护黄河安澜，仍要久久为功，丝毫不能放松。山东应以黄河长治久安为目标，加快完善综合防灾工程体系，改变下游河道游荡多变的状况，增强主河槽行洪排沙能力。深化标准化堤防建设，实施沿河蓄滞洪区修复提升、病险涵闸除险加固工程，提高防洪排涝能力。完成黄河滩区及展区群众迁建任务，加快完善防洪非工程措施，加强黄河防汛信息化建设，筑牢保护沿黄地区群众生命财产的安全屏障。

（三）在打造绿色低碳高质量发展先行区上走在前

2021年10月，习近平总书记在深入推动黄河流域生态保护和高质量发展座谈会上强调，沿黄河省区要落实好黄河流域生态保护和高质量发展战略部署，坚定不移走生态优先、绿色发展的现代化道路。关键是要以绿色低碳为本体，构建黄河流域特色优势现代产业体系，推动沿线区域经济发展质量变革、效率变革、动力变革。山东应将生态文明建设、碳达峰碳中和任务融入黄河流域生态保护和高质量发展全过程、各领域，以供给侧结构性改革为主线，以高水平推进新旧动能转换重大工程为引领，实施产业基础再造和产业链提升工程、数字化转型发展工程，提高集聚高端要素、创新资源、高端产业的能力，推动经济发展质量变革、效率变革、动力变革，促进生产生活方式绿色化转型，打造绿色低碳高质量发展增长极。

（四）在打造对外开放新高地上走在前

2018 年 6 月，习近平总书记视察山东时要求山东主动融入国家开放大局，打造对外开放新高地。山东，沿海城市优势十分明显，是距离日韩两国最近的中国省份，是日韩在中国投资的重要目的地之一，是"丝绸之路经济带"与 21 世纪"海上丝绸之路"的重要交汇点、双向桥头堡。随着中国（山东）自由贸易试验区、中国—上海合作组织地方经贸合作示范区建设提速，一系列政策与平台逐步发挥效应，对外开放新格局正在加速构建。山东应充分发挥"一带一路"重要节点和黄河流域最便捷出海通道的优势，主动融入国家开放大局，扩大高质量招商引资，深度融入"一带一路"建设，高水平建设中国（山东）自由贸易试验区和中国—上海合作组织地方经贸合作示范区，推动与日韩在产业资本技术人才等领域精准对接，深化海洋科技产业国际合作，建设世界一流海洋港口，加快构筑贯通东北亚和亚欧大陆国际大通道，打造辐射带动黄河流域开放合作的龙头。

（五）在打造文化"两创"新标杆上走在前

山东作为中华文明的重要发祥地和儒家文化发源地，自古文脉兴盛，先贤圣哲辈出，文化资源丰富、底蕴厚重，在推动优秀传统文化创造性转化、创新性发展，推动中华文化走出去中具有重要的战略地位。2014 年 11 月，习近平总书记在对山东工作重要批示中强调，要着力建设社会主义核心价值体系，用好齐鲁文化资源丰富的优势，加强对中华优秀传统文化的挖掘和阐发，为做好改革发展稳定各项工作提供强大精神力量。山东应把增强文化自信作为黄河流域生态保护和高质量发展的重要职责，以打响世界文明对话的中国品牌为引领，借助尼山世界文明论坛等世界文明交流平台，讲好"黄河故事"，推动黄河文化与其他齐鲁文化融合互动、创新发展、一体化提升，共同搭建世界文明交流互鉴高地，提高中华文化软实力、影响力和引领力。

五 全面落实黄河流域生态保护和高质量发展重大任务

"十四五"是推动黄河流域生态保护和高质量发展的关键时期，形势催人，任务艰巨。必须坚定不移走生态优先、绿色发展的路子，坚持共同抓好大保护、协同推进大治理，攻坚克难推进各项任务，加快构建抵御自然灾害防线，全方位贯彻"四水四定"原则，大力推动生态环境保护治理，加快构建国土空间保护利用新格局，努力在推动黄河流域生态保护和高质量发展上走在前，在"让黄河成为造福人民的幸福河"的伟大事业中贡献山东力量。

（一）全力保障黄河下游长久安澜

习近平总书记指出，"洪水风险依然是流域的最大威胁"，"黄河水旱灾害隐患还像一把利剑悬在头上，丝毫不能放松警惕"。保障黄河长久安澜是确保人民幸福和城市安全的首要问题。必须居安思危、久久为功，实施防汛抗旱水利提升工程，完善防洪减灾工程体系，强化黄河岸线资源管控，全面提升水旱灾害综合防治能力，保障黄河下游地区防洪安全。

1. 提升防洪减灾综合能力。尽管黄河已多年没出现大的问题，但下游泥沙淤积、河道摆动、"地上悬河"等老问题尚未彻底解决，下游滩区仍有近百万人受洪水威胁，气候变化和极端天气引发超标准洪水的风险依然存在。要深入开展"二级悬河"治理，实施河道和滩区综合提升治理工程，推进河段控导工程续建加固、险工险段和薄弱堤防治理，有效控制重点河段河势，降低黄河大堤安全风险。实施黄河山东段引黄涵闸改建工程，推进东平湖蓄滞洪区建设，消除防洪安全隐患。加强河口地区综合治理，推进临海防潮堤、顺河回水堤、挡潮闸等防潮工程建设，保持黄河河口流路相对稳定。以黄河干流、蓄滞洪区、支流河道为重点，加强重点水利工程建设，推进流域面积200平方公里以上重点河道防洪治理，提高河流行洪排涝能力。

2. 提升灾害应急救援能力。推动"智慧黄河"数字化平台建设，建立辐射黄河流域的大数据中心协同创新体系。加强与流域管理机构共建共享，建立覆盖骨干河道的立体化数据采集监测网络，构建高速联通的信息通信传输体系。强化气象灾害和水情监测预报预警，实施突发事件预警信息发布能力提升工程，畅通从预警预报到应急响应的传导链条，提高应对极端天气、大洪水等自然灾害能力。强化灾害应对体系和能力建设，改建黄河人工观测设施，提高巡堤查验能力。加强防汛物资和防汛队伍建设，新（扩）建省级水旱灾害防御物资储备库，补充缺额防汛物资，提高防汛物资保障能力。强化气象灾害和水情监测预报预警，实施突发事件预警信息发布能力提升工程，提高应对极端天气、大洪水等自然灾害能力。

3. 科学利用黄河岸线资源。依据国土空间规划，以资源环境承载力和国土空间开发适宜性评价为基础，科学划分岸线功能区，合理划定生产、生活、生态空间管控界限，建立更加完善的岸线资源保护长效机制。加强岸线资源利用管理，推进特色产业发展、文化旅游资源开发、城镇乡村建设、交通设施布局等，必须以河势稳定为前提，确保河道行洪能力和湖泊调蓄能力。严格环境准入，严防沿岸工业和地产项目过度开发。优化取水口布局，在现有河道整治的基础上开展河道治理模式研究，适时实施试点工程，及时推广可复制可推广的新模式。建设源头减排、蓄排结合、排涝除险、超标应急的城市防洪排涝体系，增强沿黄城市抵御灾害能力。

（二）深入推进水资源节约集约利用

水资源短缺是黄河流域最大的矛盾所在。山东水资源严重不足，黄河是山东最主要的客水资源，对支撑山东经济社会发展至关重要。然而，黄河来水连年偏枯，水资源总量不充足，水资源保障形势仍较为严峻。要坚持量水而行、节水为重，把水资源作为最大刚性约束，积极应对"八七"分水方案调整，实施全社会节水行动，补齐基础设施短板、加强水资源及节水监管、深化体制机制改革，倒逼经济社会转型发展，推动用水方式由粗放向节约集约转变，加快形成节水型生产生活方式和消费模式。

1. 切实提高水源保护利用水平。全方位贯彻"四水四定"原则，研究建立水资源刚性约束制度，扭转水资源不合理开发利用方式，提高水资源利用效率。严格落实水资源消耗总量和强度双控制度，健全用水总量、用水强度控制指标体系。严控水资源开发利用强度，合理规划产业结构布局和用水规模，明确区域农业、工业、生活、河道外生态环境等水资源利用边界线，引导各行业合理控制用水量。强化水资源论证和取水许可管理，严格落实规划和建设项目水资源论证制度，进一步发挥水资源在区域发展、相关规划和项目建设布局中的刚性约束作用。完善取水许可制度，规范取水许可管理，严格流域区域取用水总量控制。创新水权交易措施，实施水价综合改革，倒逼提升节水效果。

2. 加快优化水资源配置格局。立足水资源空间均衡配置，积极融入国家水网，强化多水源联合调度、水资源战略储备，加强区域水网互连互通，加快构建山东现代水网。科学应对"八七"分水方案调整，推进重大引调水工程建设，加强区域水网互联互通，构建现代化水网体系。按照国家部署，实施南水北调东线后续工程，优化山东境内干线工程布局，适时开展省内配套工程规划建设。推进南四湖水资源利用北调工程前期论证，争取与南水北调后续工程南四湖至东平湖段结合实施。加强雨洪资源调蓄利用，推进大中型水库增容改造，统筹建设一批大中型水库、地下水库、城市水库。完善再生水利用的基础设施和政策措施，推广循环用水和多级串联用水等先进技术，推进中水深度处理等工程，争取开展国家再生水循环利用试点。推动国家海水淡化规模化示范试点，建设全国海水淡化及综合利用基地。

3. 深入开展全社会节水行动。大力开展农业节水，推进大中型灌区续建配套和现代化改造，推广喷灌、微灌、低压管道输水灌溉、集雨补灌、水肥一体化等技术，选育推广耐旱农作物新品种，适度压减高耗水作物，加快发展旱作农业，建立节水型农业种植模式。推进工业节水减排，加大工业节水改造力度，完善供用水计量体系和在线监测系统，推广高效冷却、洗涤、循环用水、废污水再生利用、高耗水生产工艺替代等节水工艺和技术；推动高耗水行业节水，通过实行差别水价、树立节水标杆等措施，推动高耗水企业加强废水深度处理和达标再利用；加快企业和园区开展以节水为重点内容的水资源循环利用改造，推动企业间串联用水、分质用水，一水多用和循环利用。推进城镇节水降损，实施老旧供水管网改造，推广普及生活节水型器具，开展政府机关、学校、医院等公共机构节水技术改造，严控高耗水服务业用水，推进节水型城市、节水型乡村建设。

东营市广饶县一台 500 米长的自走式桁架喷灌机正在对小麦进行喷灌作业，这种作业方式能节水 60%。

图片来源：新华社

（三）全面加强生态环境保护治理

生态环境是人类生存和发展的根基。黄河流域构成我国重要的生态屏障，黄河三角洲是我国暖温带最完整的湿地生态系统。要牢固树立山水林田湖草生命共同体理念，实行最严格的生态环境保护制度，加快实施一批重大生态保护修复工程，合力保护黄河下游生态空间，根本改善环境质量，全面提升黄河自然生态系统稳定性和生态服务功能。

1. 强化黄河三角洲保护修复。坚持陆海统筹、河海共治，实施黄河三角洲湿地生态系统修复工程，推进大循环水系建设，全面提高湿地保护管理水平，保护好我国暖温带最完整的湿地生态系统，努力让黄河口更具生态魅力。推进自然保护地整合优化，高质量创建黄河口国家公园。推进清水沟、刁口河流路生态补水，连通黄河入海口水系，保障黄河河道和河口湿地生态流量。在具备条件的区域实施退耕还湿，扩大自然湿地面积。加强生物多样性保护，开展鸟类栖息地保护行动，保护好东方白鹳、黑嘴鸥、鹤类等珍稀濒危鸟类。实施近海水环境与水生态一体化修复，建设海洋生物综合保育区。加强黄河三角洲专项特色植物保护、抚育和植被恢复。建立外来物种监测预警防控体系，实施互花米草等外来物种入侵治理行动计划。支持黄河三角洲湿地与重要鸟类栖息地联合申遗。

2. 建设沿黄生态保护带。按照自然生态系统完整、物种栖息地连通、保护管理统一的原则，坚持宜林则林、宜草则草、宜农则农，统筹推进滩区生态、自然保护地、沿黄防护林、农田防护林建设，强化生态空间管控，打造黄河下游生态廊道。开展黄河泥沙淤填堤河、改良土地和采煤塌陷地治理等试点，探索黄河泥沙资源化利用新模式。在黄河重点生态区、重要河流水源区开展人工影响天气作业，提升人工影响天气保障能力。统筹生态保护、自然景观和城市风貌建设，完善黄河干流两岸生态防护林和国家储备林体系，改造提升和布局新建一批沿黄城市森林公园，串联沿线湿地和自然保护地，打造济南—德州、滨州—东营沿黄百里生态廊道示范段。加强矿区综合治理和生态修复，推进采煤塌陷区综合治理。加大中央财政纵向生态补偿转移支付力度开展综合生态价值核算计量等多元化生态补偿机制创新探索。

3. 加强重点生态区域生态治理。实施大汶河生态保护修复，持续改善大汶河下游、东平湖库区及周边生态环境。推进东平湖生态保护修复，建设东平湖国家湿地公园，构建环湖生态屏障。推进泰沂山区生态保护修复，保护山地森林生态系统和珍稀濒危动植物资源。实施小流域水土保护治理工程，建设生态清洁型小流域，提升水土保持综合治理能力。开展泰沂山区域露天矿山地质环境治理。加强有害生物防治和森林防火，提升森林管护能力。围绕提升南水北调东线供水能力，统筹东平湖、南四湖综合治理，系统保护水资源、改善水生态、优化水环境，确保水质全面稳定达标。建立生态水位线制度，科学确定东平湖、南四湖生态流量，加强河湖水量调度管理，维持河湖基本生态用水需求。

4. 推动污染一体化治理。把握好上下游、左右岸的全流域互动关系，完善河长制、湖长制、湾长制、林长制，深入实施水污染综合治理、大气污染综合治理、土壤污染治理等工程，加强源头治理，注重风险防范，提升流域污染一体化治理水平。创新陆海联动污染治理机制，开展入海河流综合治理。以沿黄地区为重点，加大对重点生态功能区、重要水源地、自然保护地转移支付力度，建立健全黄河流域（豫鲁段）横向生态补偿机制。将总氮指标纳入入海河流监测范围，逐步削减入海河流总氮浓度，开展小清河流域总氮控制陆海协同共治试点。在黄河干流、南四湖、东平湖、小清河等重点流域，逐步建立上下游水污染联防联控机制。抓好河湖综合整治和水污染治理，严格落实水质定期通报制度，确保河湖违法问题动态清零。

（四）塑强山东半岛城市群龙头

当前，国内经济发展的空间结构正在发生深刻变化，中心城市和城市群成为承载发展要素的主要空间形式，成为参与国际国内竞争的主要载体。要深入挖掘各地区比较优势，进一步优化调整区域经济布局，推进省会、胶东、鲁南三大经济圈一体化发展，着力培育济南、青岛都市圈，增强中心城市和城市群等经济发展优势区域的经济和人口承载能力，打造具有全球影响力的山东半岛城市群。

1. 优化国土空间保护利用格局。深入实施主体功能区战略，立足黄河下游自然本底与发展基础，全面加强沿黄河生态带、沿京杭运河生态带协同保护和修复，持续增强鲁北、鲁西北、鲁西南、汶泗、淄潍五大农田集中区，持续增强粮食和重要农产品供给保障能力。科学管控三条控制线，以沿黄 9 市为重点，明确沿黄各县（市、区）和重点镇主体功能定位，因地制宜、科学划定黄河流域不同地区的国土空间用途。按照国家统筹推进国土空间规划编制和"三区三线"划定试点要求，统筹生态、农业、城镇空间布局，统筹划定生态保护红线、永久基本农田和城镇开发边界三条控制线。严格落实国家下达山东耕地和永久基本农田保护任务，确保耕地应划尽划、应保尽保。严守生态保护红线，构建黄河流域生态安全屏障。

2. 优化"一群两心三圈"区域发展布局。做强省会经济圈，坚定不移深入实施"强省会"战略，发挥济南核心引领作用，支持济南建设"大强美富通"现代化国际大都市，加快济南新旧动能转换起步区建设，推进济淄、济泰、济聊、济德同城化，打造黄河流域生态保护和高质量发展引领区，建成我国北方经济发展强劲增长极。提升胶东经济圈，突出海洋特色，推动青潍日、烟威同城化，支持青岛建设现代化国际大都市，共同打造国际海洋创新发展高地、国际海洋航运贸易金融中心、海洋生态文明示范区。振兴鲁南经济圈，推进基础设施、产业发展、生态环保、开放合作、公共服务等领域一体化发展，构建分工合理、区域联动、优势互补、各具特色的协调发展格局，培育全省高质量发展新引擎，带动鲁苏豫皖交界地区转型发展。

3. 推进以人为核心的新型城镇化。以智慧化、绿色化、均衡化、双向化为方向，深入实施新型城镇化建设行动，提升城镇集聚优质要素和高端产业能力。深入推进智慧城镇化，加强城镇通信网络、基础算力、智能终端等信息基础设施建设，发展智慧交通、智慧能源、智能化公用设施。深入推进绿色城镇化，发展绿色交通网络，推广绿色节能建筑，推进城市增绿和绿化品质提升。深入推进均衡城镇化，科学统筹布局商务、产业、游憩、消费等功能和学校、医疗卫生机构、文化体育等场所，促进城市空间机会公平；高质量推进国家城乡融合发展试验区济青局部片区和15个省级试验区建设。深入推进双向城镇化，健全城乡融合发展体制机制，落实"人地钱挂钩"机制，促进城乡要素自由流动、平等交换和公共资源合理配置。

（五）不断开创高质量发展新局面

黄河流域发展最大的短板是高质量发展不充分。山东沿黄地区产业结构层次和集中度不高，高端要素资源集聚能力不强，创新发展能力不足。要聚焦影响高质量发展的桎梏瓶颈，深入实施创新驱动发展战略，加快推进新动能壮大成势，强化高端产业引领功能，全面提升城市群综合承载力、核心竞争力和国际影响力，更好发挥黄河流域生态保护和高质量发展龙头作用，建设具有强大辐射带动力的现代化国际化城市群，打造国家活跃增长极和强劲动力源。

1. 增强科技创新发展动力。深入实施科教强鲁战略，持续加大全社会研发投入，加快建设高水平创新型省份。推动盐碱地综合利用等开发计划纳入国家重大科技计划，加强种质资源、耕地保护等基础性研究，推动由治理盐碱地适应作物向选育耐盐碱植物适应盐碱地转变。支持黄河三角洲农业高新技术产业示范区推进国家级畜禽遗传资源保护与利用中心（国家区域性畜禽遗传资源基因库）、黄河流域（山东）农业科学城、作物表型组学研究平台、国家盐碱

黄河三角洲农业高新技术产业示范区中心地带鸟瞰图　　　　　杜剑　摄

地综合利用技术创新中心等农业重大科技平台建设。建设中国石油大学（华东）黄河三角洲生态保护和高质量发展研究机构。引进水利部黄河水利委员会科研资源，共建黄河三角洲生态保护和高质量发展创新平台。建设中科院济南科创城、中科院海洋大科学研究中心、山东高等技术研究院等重大创新载体。

2. 建设高端人才集聚地。强化人才引领发展战略地位，大力实施科教强鲁人才兴鲁战略，建设山东特色人才体系，打造山东人才高地。推进泰山学者、泰山产业领军人才工程建设，聚焦黄河流域生态保护和高质量发展，集聚一批具有带动作用的科技创新人才，开展黄河生态环境保护领域的科学实验和技术攻关。实施灵活的顶尖人才"一事一议"引进办法，支持战略科技人才牵头组建工作室、实验室，发起实施大科学计划、大科学工程。深化与中国科学院、中国工程院战略合作，集聚更多院士资源，服务半岛城市群高质量发展。深化高水平大学、高水平学科建设，支持山东大学、中国海洋大学、中国石油大学（华东）、哈尔滨工业大学（威海）等驻鲁部属高校强化"双一流"建设，力争在若干学科领域达到世界一流水平，推动省属高校向国家"双一流"迈进。推进山东大学龙山校区（创新港）、曲阜师范大学曲阜校区扩建等项目建设。

3. 培育特色优势现代产业体系。以深化供给侧结构性改革为主线，以新技术、新产业、新业态、新模式为核心，加快构建实体经济、科技创新、现代金融、人力资源协同发展的产业体系。深入实施技术改造行动计划，全力打造沿黄节能环保产业带，高标准建设鲁北高端石化产业基地、莱芜—泰安内陆精品钢基地、滨州世界级铝业基地等一批标志性项目。推进战略性新兴产业集群发展工程，加快培育壮大济南信息技术服务、淄博新型功能材料、菏泽生物医药等优势产业集群。聚焦制造业领域重点产业链，全面推行"链长制"，深入开展强链补链行动，实施产业基础再造工程，精准实施一批强链补链项目。实施"现代优势产业集群＋人工智能"工程，支持企业"上云用数赋智"，开展智能制造带动提升行动，建设一批智慧园区、智能工厂、数字车间。发挥黄河流域粮食主产区作用，深入实施"藏粮于地、藏粮于技"战略，严守耕地保护红线，坚决遏制耕地"非农化"、防止"非粮化"，坚决扛起粮食大省安全生产责任，建设国家粮食安全保障基地。

4. 建设沿黄达海大通道大枢纽大网络。积极融入国家综合立体交通布局，构建"四横五纵、沿黄达海"十大通道。提升鲁北、济青、鲁南通道，加快完善鲁中通道，以"四横"通道增强沿海港口腹地辐射和铁水联运效能；提升沿海、京沪辅助、京沪、京九通道，加快完善滨临通道，以"五纵"通道强化与京津冀、长三角区域连接；推动青岛经济南至郑州、西安、兰州、西宁的"一字型"大通道建设，构建沿黄陆海联运大通道，实现与沿黄流域高效便捷联通。建设济南至郑州、曲阜至菏泽、菏泽至兰考等沿黄高速铁路，加快京雄商高铁山东段、京沪高铁辅助通道等国家干线铁路和济南至滨州等过黄通道规划建设。织密航线网络，提高与国内外主要城市通达性，打造黄河流域重要国际空港、航空物流中心。建立沿海港口和内陆港合作机制，推动山东港口群延伸港口服务功能，与郑州、西安、洛阳、银川、兰州、西宁等城市共建内陆港，建设多式联运出海大通道。

5. 打造对外开放新高地。发挥沿黄地区丝绸之路经济带重要通道和海上丝绸之路战略支点等综合优势，与沿黄省区高质量共建"一带一路"。推进中日（青岛）地方发展合作示范区、烟台RCEP产业合作发展中心、威海中韩自贸区地方经济合作示范区建设，推进与日韩重要港口自由通航，推进货物通关、资金流通、人员往来便利化，为黄河流域省区加强与日韩合作搭建平台。高标准建设中国—上海合作组织地方经贸合作示范区，搭建好"青岛·上合国家客厅"等合作平台，打造黄河流域（青岛口岸）鲜活水产品进口中转基地，构建上合组织国家面向亚太市场的出海口。组建黄河流域自贸试验区联盟，发挥自贸试验区制度创新优势，支持济南培育进口贸易促进创新示范区，推动黄河流域开放型经济发展。推动健全黄河流域海关协作机制，推广陆海联动、海铁直运监管模式，提升港口开放服务能力。

6. 拓宽跨省区域合作领域。建立完善沿黄城市群战略合作机制，推进与中原城市群对接融合，加强与关中平原城市群、黄河"几"字弯都市圈、兰州—西宁城市群协作发展。深化产业发展合作，推动沿黄省区建立利益分享机制，探索"双向飞地""共管园区"等跨区域产业合作新模式，携手打造沿黄现代产业合作带。加强鲁豫两省在粮食生产、现代高效农业等领域合作，推动共建鲁豫毗邻地区高质量发展示范区。推动山东半岛国家自主创新示范区与郑洛新、西安等国家自主创新示范区合作，建立黄河流域科技成果交易转化平台，支持黄河三角洲农业高新技术产业示范区与杨凌农业高新技术产业示范区等合作。推动成立黄河流域高等院校高质量发展联盟，共建实验室、协同创新中心。

（六）大力保护传承弘扬黄河文化

作为中华文明的重要发祥地之一，黄河流域的历史文化资源丰富，在中华文明演进、中华民族融合发展中发挥着重要作用。山东更是儒家文化的发源地，拥有曲阜"三孔"、泰山、大运河、齐长城等世界文化遗产，是展现黄河文化多样性的代表区域。要把保护文化遗产资源放在重要位置，突出齐鲁文化特色，深入挖掘黄河文化、弘扬时代价值，阐发黄河文化在促进国家繁荣统一、中华民族融合和世界文明交流互鉴中的丰富内涵和时代价值，推进黄河文化创造性转化、创新性发展。

1. 系统保护黄河文化遗产。加强黄河文化遗产系统保护，开展黄河干支流和故道地区文物资源以及黄河水工遗存、桥梁古渡、故道大堤等水利遗产调查，建设黄河流域文化遗产数字化资源库。积极参与中华文明探源工程和"考古中国"重大研究，开展大汶口文化、龙山文化等史前文化及商周文化遗存考古，建设大汶口、鲁国故城等国家考古遗址公园，打造黄河国家文化公园（山东段）。推动区域性文物资源整合和集中连片保护利用，创建国家文物保护利用示范区。加强夏津黄河故道古桑树群、乐陵枣林复合系统、泰安汶阳田农作系统等重要农业文化遗产保护展示。保护黄河流域历史文化名村和传统村落、历史文化街区，打造"黄河记忆"活态展示基地。

延伸阅读

山东 6 项考古发现入选"百年百大考古发现"

"第三届中国考古学大会"开幕式于 2021 年 10 月 18 日举行。值此中国现代考古学诞生百年之际，开幕式上公布了"百年百大考古发现"。泰安大汶口遗址、章丘城子崖遗址、临淄齐国故城、曲阜鲁国故城、临沂银雀山汉墓、青州龙兴寺遗址6项考古发现入选。

"百年百大考古发现"中，旧石器时代有5项入选，新石器时代33项入选，夏商时期10项入选，两周时期15项入选，秦汉时期16项入选，三国至隋唐时期9项入选，辽宋金元时期9项入选，明清时期3项入选。从类型上看，既有聚落、城址、陵寝、墓葬等类型，也有洞穴遗址、矿冶遗址、窑址、沉舰遗址等类型。据介绍，这些考古发现反映了中国考古学在人类起源、农业起源、中华文明起源形成和发展、中国早期国家诞生、统一多民族国家形成与发展等方面重要学术研究的成果，都在各自领域解决了重大的学术问题，实现了新突破，在国内外产生了重大影响，在中国考古学发展史上具有重要的地位和作用。

资料来源：大众网，2021年10月19日。

大汶口遗址早期居址区房址分布图及大汶口遗址代表性出土文物八角星纹豆。

图片来源：国家文物局官网

2. 加强黄河文化研究阐发。开展黄河文化传承创新工程，系统阐发黄河文化蕴含的精神内涵，充分彰显山东黄河文化的多源性多样性。高水平建设曲阜优秀传统文化传承发展示范区，打造海内外中华儿女和儒家文化圈的文化寻根圣地，在世界儒学传播和研究中始终保持充分话语权。建设齐文化传承创新示范区，弘扬齐文化开放、包容、创新、重商、法治核心内涵，打造齐文化研究保护、产业发展基地和文化旅游胜地。建设泰山文化传承发展示范区，高水平举办泰山国际文化论坛，打造中华祈福文化旅游目的地。传承发展舜禹善治文化、孙子兵家文化、墨子创新文化、鲁班工匠文化，丰富发展工业文化、农耕文化、海洋文化、书画文化、戏曲文化、牡丹文化等。

3. 加强革命文物保护利用。推进革命文物保护利用，建设鲁中、滨海、渤海、鲁南、冀鲁豫边区（山东部分）等重点革命旧址片区。大力弘扬军民水乳交融、生死与共铸就的沂蒙精神，加快建设沂蒙红色文化传承发展示范区、总体国家安全观刘公岛教育培训基地。整合沿黄地区红色文化资源，充分挖掘展示红色人文景观所承载的革命历史、革命事迹和革命精神，加强红色旅游经典景区和精品线路建设，推进红色文化资源多元化利用。依托沂蒙革命老区、渤海革命老区等，加强红色旅游经典景区和精品线路建设，打造弘扬红色精神、传承红色基因的精品旅游线。

4. 打造黄河文化旅游长廊。坚持以文塑旅、以旅彰文，优化黄河流域文化旅游布局，推进文旅融合发展，串珠成链、以点带面，打造"黄河入鲁""黄河济运""黄河入城""黄河入海"等黄河旅游区品牌，建设黄河文化旅游带。整合"三孔"、泰山、大运河、齐长城等沿黄地区世界遗产资源，打造世界文化遗产旅游线路。依托泰山、东平湖、黄河入海口、大运河等山岳湖泊湿地资源，打造"水浒故里""平安泰山""鲁风运河""黄河天音"等文化旅游品牌，建设一批展现黄河文化的标志性旅游目的地。以沿黄自驾景观廊道为主干，沿黄重点旅游城市、旅游景区、乡村旅游点和文化遗产为支点，培育发展"儒学研学之旅""黄河记忆乡愁之旅"等黄河精品旅游线路。

5. 促进世界文明交流互鉴。推进尼山世界儒学中心、儒学文化国际交流中心建设。策划举办黄河文化论坛，促进黄河文化的国际传播。提升泰山国际文化论坛、齐文化论坛、国际泉水文化景观城市联盟影响力，办好中国（曲阜）国际孔子文化节（尼山世界文明论坛）、世界入海口城市合作发展大会等节会，打造中华文明与世界不同文明对话的交流平台。组织开展"齐鲁文化丝路行"，积极参与黄河文化海外大展计划，参与中国文化年、中国旅游年等活动，加大对齐鲁文化资源的国际推介力度。创建国家对外文化贸易基地、国家文化出口基地，推动对外文化贸易与文化产业合作，加快打造文化高地。

开创新时代社会主义现代化强省建设新局面

进入新发展阶段，完整、准确、全面贯彻新发展理念，服务和融入新发展格局，对新时代社会主义现代化强省建设提出了新要求。"全面开创、走在前列""三个走在前"是习近平总书记对山东的殷切期望，也是全省人民孜孜以求的奋斗目标。深入学习贯彻习近平总书记视察山东重要讲话、重要指示批示精神，必须坚定"三个走在前"的战略定力，汇聚"三个走在前"的磅礴力量，不断改善人民生活、促进共同富裕，奋力开创新时代社会主义现代化强省建设新局面。

一 坚定"三个走在前"的战略定力

习近平总书记指出，战略问题是一个政党、一个国家的根本性问题。我们党历来重视战略问题，特别强调提高战略思维能力、增强战略定力。这既是统筹推进"三个走在前"目标的现实要求，也是更好担当"三个走在前"使命的政治自觉。建设新时代社会主义现代化强省，必须毫不动摇坚持和加强党的全面领导，不断增强

"三个走在前"的战略定力。

（一）毫不动摇坚持党的全面领导

办好中国的事情，关键在党。党的领导，是做好党和国家各项工作的根本保证，也是战胜一切困难和风险的"定海神针"。党的领导必须是全面的、系统的、整体的，体现在经济建设、政治建设、文化建设、社会建设、生态文明建设等各个领域，体现在党和国家工作的各方面、各环节。党的十八大以来的实践证明，习近平总书记无愧为党中央和全党的核心、人民的领袖、时代的领路人。有习近平总书记英明领导、领航掌舵，我们就无比有力量、无比有底气、无比有信心。必须深入领会"两个确立"的决定性意义，增强"四个意识"、坚定"四个自信"、做到"两个维护"，坚持党对一切工作的领导，切实做到党中央提倡的坚决响应，党中央决定的坚决执行，确保始终在思想上政治上行动上同以习近平同志为核心的党中央保持高度一致。当前，山东正处于改革发展的关键时期，把山东的事情办好，"全面开创、走在前列""三个走在前"目标更高，任务更重，挑战更大。必须要紧密结合山东实际，主动担当作为，经常对标对表，及时校准偏差，坚定不移把习近平总书记重要指示要求贯彻落实到谋划重大战略、制定重大政策、部署重大任务、推进重大工作的实践中去。

（二）持之以恒用党的创新理论武装头脑

习近平新时代中国特色社会主义思想，是当代中国马克思主义、21世纪马克思主义，是党和人民实践经验和集体智慧的结晶，是全党全国人民为实现中华民族伟大复兴而奋斗的行动纲领。党的十八大以来，山东取得的一切发展成就，根本在于以习近平同志为核心的党中央的坚强领导，根本在于习近平新时代中国特色社会主义思想的科学指引。实现"三个走在前"，必须坚持习近平新时代中国特色社会主义思想的科学指引，把习近平总书记"三个走在前"的重要指示要求与学懂弄通做实习近平新时代中国特色社会主义思想结合起来，与贯彻落实习近平总书记历次对山东工作的指示要求结合起来，学思践悟、把握真谛。要掌握贯穿其中的立场、观点、方法，自觉改造主观世界，切实用以武装头脑、指导实践、推动工作。要清醒认识"三个走在前"的历史使命和重大责任，把自己摆进去、把职责摆进去、把工作摆进去，把学习的成果转化为工作的实际成效。

（三）坚定不移贯彻落实中央部署

习近平总书记对山东提出的"三个走在前"的重要指示要求，为我们指明了前进方向，提供了重要遵循。全省各级党组织和广大党员干部要认真学习贯彻，不断提高政治站位，切实增强政治判断力、政治领悟力、政治执行力，坚定不移贯彻落实党中央重大决策部署，以高度的政治责任感、强烈的历史使命感和现实紧迫感，全力以赴做好新时代社会主义现代化强省建设各项工作。要积极主动地站在全党全国工作大局中统筹谋划工作，锚定"三个走在前"，准确识变、科学应变、主动求变，坚持开拓创新，勇于推进改革，推动山东经济社会高质量发展。要坚定不移抓好"八大发展战略""九大改革攻坚""十强现代优势产业集群""七个走在前列""九个强省突破"，聚焦聚力"六个一"发展思路、"六个更加注重"策略方法、"十二个着力"重点任务，推进经济发展质量变革、效率变革、动力变革，全面开创新时代社会主义现代化强省新局面。

二 汇聚"三个走在前"的磅礴力量

建设新时代社会主义现代化强省，是习近平总书记对山东的殷切期望，也是全省人民共同的事业。实现"三个走在前"，必须始终坚持一切为了人民、一切依靠人民，尊重人民群众主体地位和首创精神，把人民群众中蕴藏的智慧和力量充分激发出来，凝聚起新时代社会主义现代化强省建设的磅礴力量。

（一）把人民对美好生活的向往作为出发点和落脚点

习近平总书记指出，人民对美好生活的向往，就是我们的奋斗目标。中国特色社会主义进入新时代，我国社会主要矛盾已经转化为人民日益增长的美好生活需要和不平衡不充分的发展之间的矛盾。在改革开放以来取得重大成就的基础上，人民群众在经济、政治、文化、社会、生态等各个领域充满希冀，在民主、法治、公平、正义、安全、环境等方面发展的要求更加多样。这就要求我们必须更加关注人民群众美好生活需要的多样性、广泛性和高质量要求，顺应民心、尊重民意、关注民情、致力民生，让改革发展成果更多更公平惠及全体人民，使人民获得感、幸福感、安全感更加充实、更有保障、更可持续。聚焦"三个走在前"的目标要求，必须通过改革创新破解山东经济社会发展中所面临的突出问题和短板弱项，积极回应人民群众的新期待新需要，把人民群众满意作为检验工作的唯一标准，把满足人民美好生活需要作为最大政绩，朝着实现全体人民共同富裕的目标不断迈进。

（二）紧紧依靠人民群众"走在前"

党的根基在人民、血脉在人民、力量在人民，人民是党执政兴国的最大底气。人民群众是物质财富和精神财富的创造者，是经济发展和社会变革的决定性力量。党领导人民百年奋斗的伟大实践充分证明，江山就是人民，人民就是江山。一切伟大的奇迹都是党领导人民群众奋斗、创造的结果。建设新时代社会主义现代化强省，实现"三个走在前"的目标任务，必须始终将人民放在心中最高位置，坚持一切为了人民、一切依靠人民，坚持发展为了人民、发展依靠人民、发展成果由人民共享。要围绕"三个走在前"深入开展调查研究，主动扎根基层、深入人民群众，自觉拜人民为师，虚心向人民学习，做到问政于民、问计于民、问需于民，通过各种途径了解群众的意见、要求、批评和建议，不断解决人民群众"急难愁盼"的实际问题。要尊重人民群众的首创精神，支持群众大胆实践、大胆探索、大胆创新，激发蕴藏在人民群众中的创造伟力，把最广大人民的智慧和力量最大限度地凝聚起来。

（三）凝聚"三个走在前"的强大合力

目标引领前进方向，目标凝聚奋进力量。建设新时代社会主义现代化强省，实现"三个走在前"，是亿万齐鲁儿女的共同事业，是全体山东人民的共同追求。党的十八大以来，山东人民在党的领导下以实干笃定前行，全省改革发展深入推进，经济综合实力位居全国前列，推动发展环境、经济结构、体制机制发生系统性重塑，经济社会发展呈现出由"量"到"质"、由"形"到"势"的根本性转变，为强省建设和"三个走在前"奠定了坚实基础。当前，"三个走在前"的目标已经确定、奋进号角已经吹响，摆在我们面前的首要任务，就是要不负重托、勇担重任，团结一切可以团结的力量，调动一切可以调动的积极因素，把广大党员干部群众干事创业的干劲鼓起来，把各类人才创新创造的活力激发出来，亿万齐鲁儿女心往一处想、劲往一处使，汇聚起各地区、各部门、各领域、各行业团结奋斗的磅礴力量，共同创造新时代社会主义现代化强省的美好明天。

三 不断改善人民生活、促进共同富裕

实现共同富裕是中国共产党一以贯之的奋斗目标，也是新时代社会主义现代化强省建设的重要目标。党的十八大以来，党中央把实现全体人民共同富裕摆在更加重要的位置，采取有力措施保障和改善民生，经过全党全国各族人民持续奋斗，我国已历史性地解决了绝对贫困问题，打赢脱贫攻坚战，全面建成小康社会，为促进共同富裕创造了良好条件。

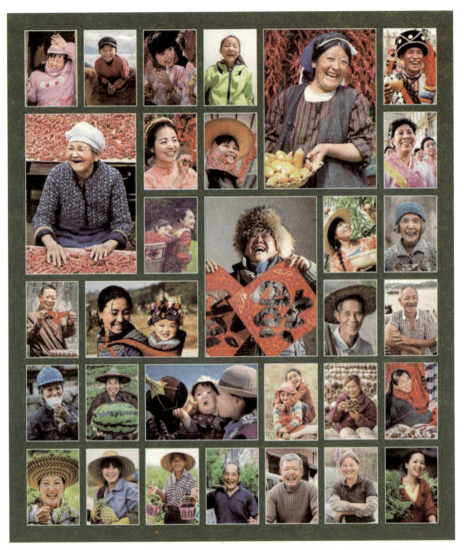

　　党的十八大以来，我国脱贫攻坚战取得了全面胜利，现行标准下9899万农村贫困人口全部脱贫，832个贫困县全部摘帽，12.8万个贫困村全部出列，区域性整体贫困得到解决。广大脱贫群众的真诚笑脸，是对脱贫攻坚的最大肯定。

　　　　图片来源："希望的田野——脱贫攻坚 共享小康全国摄影展"

（一）坚持走共同富裕之路

不断改善人民生活、促进共同富裕，是习近平总书记对山东发展提出的新要求。2021年12月召开的省委经济工作会议提出，要扎实推动民生改善和共同富裕，立足基础优势，抓重点补短板，夯实增收共富基础，推进公共服务优质共享，促进精神生活共同富裕，开展共同富裕先行先试，在高质量发展中探索共同富裕山东路径。在区域一体化格局上，加强省域统筹，加快基础设施一体化，推动欠发达地区构建数字化与绿色发展相融合的生态经济体系，推动区域协调发展迈向更高水平。在城乡发展格局上，数字赋能城乡高质量融合，破解城乡二元结构，加快农业农村现代化，深化农村综合改革，促进农业高质高效、乡村宜居宜业、农民富裕富足，构建城乡互补、协调发展、共同繁荣的新型城乡关系。在形成以中等收入群体为主体的橄榄型社会结构上，推动收入分配格局优化取得实质性进展，显著扩大中等收入群体，促进包容性发展。在政策机制上，形成先富带后富、先富帮后富的新机制，推动政策、规则和制度重塑，推动有效市场与有为政府更好结合，更好发挥社会、企业、个人作用，实现持续共富。

（二）不断增进民生福祉

扎实推动共同富裕，必须把实现好、维护好、发展好最广大人民根本利益作为出发点和落脚点，聚焦百姓"急难愁盼"，扎实办好民生实事，改善人民生活品质，不断增强人民群众获得感、幸福感、安全感。全力稳就业保就业，健全就业公共服务体系，更加注重缓解结构性就业矛盾，满足劳动者多层次就业需求。提升发展学前教育，巩固"双减"成果，加快省属高校"双一流"建设，打造省部共建国家职业教育创新发展高地，促进山东教育高质量发展。坚持应保尽保原则，按照兜底线、织密网、建机制要求，健全覆盖全民、统筹城乡、公平统一、可持续的多层次社会保障体系。坚持以基层为重点，预防为主、防治结合、中西医并重，完善突发公共卫生事件监测预警和应急处置机制，构建平急结合、科学高效、功能完善的公共卫生体系。优化人口结构，提升人口素质，构建多层次多元化养老服务体系，健全完善生育配套政策。兜牢民生底线，完善社会救助体系，深化收入分配体制改革，着力提高城乡居民生活保障水平。

（三）在高质量发展中促进共同富裕

习近平总书记指出，"要坚持以人民为中心的发展思想，在高质量发展中促进共同富裕""要坚持在发展中保障和改善民生，把推动高质量发展放在首位"。这些重要论述明确了实现共同富裕的根本遵循和实现路径，阐明了促进共同富裕的根本动力。在新时代社会主义现代化强省建设的新征程中，实现"三个走在前"目标要求，要求我们必须始终把握高质量发展主题，把推动和实现高质量发展放在首位，通过深化改革、扩大开放、创新驱动不断提升山东经济发展的质量和效益，为全省在全面建成小康社会基础上实现共同富裕打下坚实基础。既要通过调动人民群众的积极性不断把"蛋糕"做大，也要把不断做大的"蛋糕"分好，使全体人民朝着共同富裕方向稳步前进。要以效率提升激发经济活力、创新力和竞争力，为共同富裕提供发展的持久动力；以优化收入分配制度促进全方位公平，提升发展的平衡性、协调性和包容性，推动共同富裕持续取得新进展，为开创新时代社会主义现代化强省建设新局面奠定坚实基础，在高质量发展中实现共同富裕。

延伸阅读

山东聚力民生改善创新，实施六项提升行动

按照山东省委、省政府部署要求，我省研究制定了《民生改善创新 2022 年行动计划》，主要是聚焦解决群众急难愁盼问题，实施重点群体保障、居民就业增收、教育均衡发展、群众就医服务、城镇生活条件、农村人居环境等"六项提升行动"，实现民生改善创新。与此同时，着力加大民生投入，省级教育资金增长 10%，社会保障和医疗卫生资金增长 12%，乡村振兴资金增长 10%，确保民生支出占比保持在 80% 左右。

聚焦"一老一小"、困难群众等重点群体，城乡低保对象、特困人员等九类困难群众救助标准再提高 10%。改造建设敬老院 120 处、新增护理型养老床位 3 万张。新建改扩建幼儿园 200 所以上、中小学 200 所以上，义务教育学校课后服务应开尽开。同时，就业方面，全省创设 40 万个城乡公益性岗位，积极消纳城镇困难人员和农村剩余劳动力就业。医疗方面，新增国家临床重点专科建设项目 12 个，县级综合医院年内全部达到三级医院水平。全年还将新开工城镇老旧小区改造 67.1 万户、棚户区改造 7.6 万套、保障性租赁住房 8.9 万套（间）。新建改扩建农村公路 1 万公里，巩固提升"快递进村"，进一步增强人民群众的获得感幸福感安全感。

资料来源：《大众日报》2022 年 2 月 26 日。

（四）紧紧锚定"三个走在前"，奋力谱写强省建设新篇章

一分部署，九分落实。"走在前列、全面开创""三个走在前"，是习近平总书记从战略全局高度对山东发展的精准把脉定向，是做好山东工作的总遵循、总定位、总航标。深入贯彻落实习近平总书记对山东工作的重要指示要求，全省各级党组织和广大党员干部必须把中央的决策部署和省委的工作思路转化为推动山东高质量发展的实际行动，踔厉奋发、笃行不怠，担当作为、勇争一流，奋力谱写新时代社会主义现代化强省建设新篇章。

（一）为"三个走在前"提供坚强组织保证

习近平总书记指出："党的全面领导、党的全部工作要靠党的坚强组织体系去实现。"全省各级党组织必须不断增强组织力、凝聚力、向心力、战斗力，以强有力的组织领导、明确清晰的责任落实、崇尚实干的工作业绩，为实现"三个走在前"、开创新时代社会主义现代化强省建设新局面提供坚强组织保证。要贯彻落实新时代党的组织路线和新时代好干部标准，强化政治标准，注重实干实绩，培养选拔信念坚定、为民服务、勤政务实、敢于担当、清正廉洁的高素质干部，着力培养一大批忠诚干净担当的高素质干部。要树立重实干重实绩的用人导向，加强干部思想淬炼、政治历练、实践锻炼、专业训练，建立健全素质培养、知事识人、选拔任用、从严管理、正向激励干部管理体系，使想干事、能干事、干成事的干部走上重要岗位，大力营造干事创业、勇争一流的良好氛围。要聚天下英才而用之，进一步破除体制机制障碍，给各类人才创造更多

机遇、搭建更大舞台、提供更广空间，营造人尽其才、才尽其用的良好氛围，使个人价值梦想与强省建设目标实现更好对接、同频共振，让一切创新创造源泉在齐鲁大地充分涌流。

延伸阅读

山东共有基层党组织 35.3 万个、党员 701 万名

基层党组织和党员队伍是党的执政之基、力量之源。近年来，山东省各级党组织按照党中央部署要求，认真履行管党治党主体责任，牢固树立大抓基层的鲜明导向，扎实做好抓基层、打基础、固基本各项工作，党员队伍活力持续增强，党的组织体系更加健全，基层党的建设质量和水平不断提升。截至 2021 年 6 月 5 日，全省共有基层党组织 35.3 万个、党员 701 万名。

全省基层党组织总量比 1949 年的 4.2 万个，增长约 7.4 倍。现有基层党组织中，基层党委 2 万个、总支部 2.2 万个、支部 31.1 万个。全省有 680 个城市街道、1131 个乡镇、5836 个城市社区（居委会）、5.6 万个行政村党组织。全省党员总量比 1949 年的 75.4 万名，增长约 8.3 倍。党员队伍中，在岗职工 269.6 万名、占 38.5%；农牧渔民 247.5 万名、占 35.3%；学生 16.1 万名、占 2.3%；离退休人员 140.6 万名、占 20%；其他人员 27.2 万名、占 3.9%。

资料来源：《大众日报》2021 年 7 月 2 日。

（二）坚持不懈抓好作风建设

作风建设决定事业成败。落实好"三个走在前"必须坚持不懈地抓好作风建设，大力倡树"严真细实快"工作作风，把优良作风

体现到推动新时代社会主义现代化强省建设的各项工作和实际行动中。"严"字当头、一以贯之，必须把严要求转化为实际行动，贯穿到经济社会发展的每一个环节、每一个领域；"真"必须求真较真，在补短板、强弱项上真抓实干下真功，在干事创业中真担当、真作为、干出真业绩；"细"必须细致细究，锚定"三个走在前"，把战略目标分解成战术动作，绵绵用力、锲而不舍、精雕细琢、久久为功，把各项工作做到位、做精细；实干必须从"实"处着力，一切从实际出发，立足实际，注重实干，真正做出实效；"快"必须快部署、快落实，在谋思路、抓举措上按下加速键，在"三个走在前"上抢先机、赢主动，快节奏推进强省建设的各项工作。事业发展永无止境，作风改进永无止境。"喊破嗓子不如甩开膀子"，各级党组织必须以常抓的韧劲和抓长的耐心，坚定不移抓好干部队伍作风建设，以快速的行动、务实的举措、真抓的态度，大力弘扬"严真细实快"的工作作风，将"严真细实快"体现在各项工作中去，为实现"三个走在前"提供优良作风保障。

延伸阅读

防止作风上的六种不良倾向

加强作风建设关键在实干。勤政务实、真抓实干，是党员干部最基本的政治品格素质要求；干事担事、知重负重，是党员干部的职责所在和价值所在。近年来，聚焦贯彻落实习近平总书记重要指示要求，推动山东高质量发展，全省广大党员干部能力本领逐步提升，思想方法不断改进，工作作风持续转变，干事创业的精神面貌焕然一新。从总体上看，山东的干部队伍敢于担当、善于作为，主流始终是好的。但同时也要清醒地看到，一些不良作风在少数党员干部身上仍不同程度存在，突出表现为六种不良倾向：第一种是口号喊罢"唱空城"，把说了当做了，把做了当做成了，满足于会开了、文发了；第二种是拈轻怕重"做样子"，对安排的任务挑三拣四，有利的抢着干、不利的往外推；第三种是撸起袖子"一边看"，装出积极落实的样子，实际在做看客；第四种是遇到难题"绕道走"，不是想办法攻坚克难，而是花心思上推下卸；第五种是作风散漫"拖着干"，限时办结的不按时限办理，能拖一时是一时；第六种是自甘平庸"差不多"，只求过得去、不求过得硬。六种不良倾向，看起来心态各异、表现不同，但实质都是不担当、不作为、不负责，任由滋长蔓延，势必影响真抓实干、耽误问题解决、贻误发展机遇。对于以上不良作风倾向，必须坚决防止，坚决克服，坚决纠正。

资料来源：《大众日报》2021年12月3日。

（三）坚持科学工作方法

走在前，就要事争一流、唯旗是夺。然而，前进道路上，山东发展既面临难得的历史机遇，也面临着不少风险挑战，必须坚持科学理论指导和运用科学工作方法，不断提高党员干部驾驭复杂局面、处理复杂问题的能力。要坚持系统思维，把系统观念贯穿于经济社会发展的全过程、各领域，坚持整体推进与重点突破相统一、多线作战与一体推进相结合。要坚持辩证思维，不断提升辩证思维能力，善于"弹钢琴"，妥善处理局部和全局、当前和长远、重点和一般的关系，在权衡利弊中趋利避害，在统筹协调中精心谋划。"不谋全局者，不足谋一域"，要坚持战略思维，在大局下思考、在大局下行动，在围绕中心、服务大局中找到坐标、找准定位。要坚持创新思维，以问题为导向，在改革发展中通过发现问题、筛选问题、研究问题、解决问题，不断推动社会发展进步。要坚持底线思维，正确处理好发展与安全的关系，坚决守牢疫情防控、安全生产、信访稳定、意识形态、食品安全、生态环保等"一排底线"。

"三个走在前"与"走在前列、全面开创"一以贯之、一脉相承，要求更高、目标更高、标准更高，任务更重、担子更重、挑战更大。走在前是全方位的走在前，经济、政治、文化、社会、生态等方方面面都要争创一流。走在前是高标准的走在前，山东各领域各方面的工作，都要锚定走在前来提升工作标准、工作水平和工作能力，把全省经济社会发展各项工作推向新高度。广大党员干部要深刻领悟"三个走在前"的精髓要义，坚持以人民为中心的发展思想，汇聚走在前的磅礴伟力，完整、准确、全面贯彻新发展理念，在高质量发展中推动民生改善和共同富裕。广大党员干部要强化"三个走在前"的使命担当，始终按照走在前的要求破解发展难题，做到事争一流、唯旗是夺，以必胜的信心、拼搏的精神、扎实的工作，奋力开创新时代社会主义现代化强省建设新局面。

后记

　　本书是中共山东省委宣传部 2022 年度重大理论与实践问题研究重点课题。省委常委、宣传部部长白玉刚高度重视，提出明确要求。袭艳春、孔繁轲同志主持本书编写工作并审改了书稿。杨金卫、冷兴邦、刘洁同志组织完成了本书统稿和修改任务。张军咏、马忠雨、韩云勇、孙学立、张彦丽、赵泓任、徐俊青、李为、宋冰、朱宏锋、张克、张鹏、黄竞男、商立光、王树平、张帆、郭淑华、周德禄、王娜、颜培霞、邵帅、王双、李秋颖、钱进、张伸、高福一、朱思栋、王安、张磊、史喆、赵祎煊等同志承担了具体编写工作。卞丽娟、房树人、马鹏、白光博、王涛、李树坡同志参加了相关调研、起草、修改和统稿工作。

　　本书在编写过程中，得到山东省直有关部门单位的大力支持。省委政研室、省委党校（山东行政学院）、省发展改革委、省政府研究室、山东社会科学院、省宏观经济研究院等部门单位抽调精干力量组成课题组，承担相关章节的研究撰写任务。省委办公厅、省委组织部、省委政研室、省委财经办、省政府办公厅、省发展改革委、省教育厅、省科技厅、省工业和信息化厅、省民政厅、省财政厅、省人力资源社会保障厅、省农业农村厅、省文化和旅游厅、省卫生健康委、省市场监管局、省政府研究室、省大数据局等部门单位，江成、张祚亭、苏庆伟、王淼、王栋等同志对本书提出了宝贵意见。同时，本书还参考借鉴了有关部门和专家的相关研究成果，引用了中央和山东省主要媒体的相关报道和图片资料，在此一并表示感谢。

由于时间仓促、水平有限，如有不足之处，敬请批评指正。

编 者

2022 年 3 月